PEAU À PEAU

Héloïse des Monstiers

PEAU À PEAU

BUCHET • CHASTEL

ISBN 978-2-283-03564-1

À mon trio de choc.

« Nous sommes faits de l'étoffe dont se tissent nos rêves. »

WILLIAM SHAKESPEARE,
La Tempête

« On ne voit bien qu'avec le cœur, l'essentiel est invisible pour les yeux. »

ANTOINE de SAINT-EXUPÉRY,
Le Petit Prince

1.

FLASHBACK

Haute-Savoie

28 décembre 2011, 4 heures du matin

Le camion de pompiers, la civière, le froid, mon ventre qui tonne de plus belle et ce sang entre mes cuisses. J'encaisse des coups puissants et réguliers.

Les pompiers parlent d'« évacuation par hélicoptère ». Pas une minute à perdre. Indescriptible va-et-vient, sordide brouhaha. Je suis ailleurs. Comme des notes sans mélodie, leurs voix s'éloignent. Allongée sur un brancard, je ne ressens plus rien. La souffrance physique a quasiment disparu, mais à présent, une autre me submerge. La main gauche plaquée sur mon gros ventre, je répète d'une voix faible :

Mon bébé est mort, mon bébé est mort, mon bébé est mort…

Paris

mars 2006

J'avais rencontré Pierre par hasard alors que je prenais un verre dans un café avec Agathe, l'une de mes plus vieilles amies. Ce soir-là, Pierre fêtait ses trente ans.

– *On se connaît ?*

– *Enchantée, moi c'est Garance.*

En réalité, je m'appelle Héloïse mais à cet instant, j'avais décidé d'être Garance, cette femme libre et audacieuse qui fait tourner la tête de tous les hommes dans *Les Enfants du Paradis.* J'ai toujours aimé séduire. Déjà petite, je faisais le clown en classe pour attirer l'attention. Je ne vivais que pour entraîner les autres dans ma fantaisie. Jouer le premier rôle et être sur le devant de la scène me nourrissaient.

– *Atmosphère, Atmosphère, est-ce que j'ai une gueule d'atmosphère ?*

Amusé, Pierre avait répondu avec une réplique d'*Hôtel Du Nord*. Et nous nous sommes mis à parler de la beauté du cinéma français d'après-guerre.

– *Si un jour j'ai une fille, elle s'appellera Garance. Ce prénom, je l'ai dans la peau. Bien avant que je ne découvre le film de Marcel Carné. En dernière année de maternelle, j'étais copine avec une petite Garance. Elle avait un sourire malicieux, deux couettes hautes et un sweat molletonné « Minnie ». Ses parents ont divorcé et elle est partie du jour au lendemain. J'ai pleuré toutes les larmes de mon corps, je ne voulais plus aller à l'école si Garance n'y était pas. Depuis, je l'ai cherchée sur Facebook, sans jamais la retrouver. Est-elle mariée ? Est-elle mère ? Est-elle tout simplement heureuse ? Je n'en sais rien. Ce qu'il me reste d'elle, c'est son prénom. Garance. Désolée, je dois te saouler avec mes histoires.*

Le regard plongé dans le mien, Pierre m'avait embrassée tendrement. J'étais fascinée par ses yeux verts. Il avait conscience de sa beauté. Quand il était adolescent, les filles murmuraient sur son passage : « Il est trop mignon ! »

Je lui avais rendu son baiser avec fougue. Ses amis ricanaient, en se demandant qui était cette inconnue. Je leur semblais exubérante, pas faite pour lui. Pierre avait grandi dans un milieu conservateur, où l'humilité, la retenue et la sobriété constituent les fondements d'une bonne éducation. Sa destinée semblait tracée : avoir une belle carrière et épouser une fille de son rang, *un peu vieille France*.

Mes parents m'avaient appris à être persévérante. Ils me répétaient que rien n'est impossible, du moment qu'on en a furieusement envie. Après un baccalauréat obtenu haut la main, j'ai fait des études de journalisme à Paris. J'avais suffisamment confiance en moi pour affirmer haut et fort mes convictions, allant jusqu'à abandonner un métier de rêve dans un journal quotidien pour monter ma propre entreprise à vingt-cinq ans. J'étais bien née, comme on dit. Née du bon côté. Vingt-cinq ans avec le vent dans le dos et surtout convaincue que cela ne changerait jamais.

Après cette soirée, tout est allé très vite. Les choses avançaient naturellement entre nous, sans que nous nous posions la moindre question. Au revoir la chambre de bonne de ce quartier chic, bonjour la vie chez Pierre. Et lors d'une rencontre fortuite au Trocadéro, je l'avais présenté à mes parents avant de dire oui à sa demande en mariage au cours d'un simple petit-déjeuner.

C'était il y a deux ans. La cérémonie était merveilleuse. Deux cent cinquante invités, un château médiéval en guise de décor et une voiture de collection flamboyante à la sortie de l'église. Mes amies dansaient tout leur soûl pendant que nos hommes se marraient, une cigarette au bec, un verre à la main. Ce soir-là, dans le parc de ce lieu de réception idyllique, j'avais une certitude : nous avions la vie devant nous. Agathe avait publié la photo de notre béatitude sur Facebook. En légende : #Mariagederêve #Alamour #Alamitié.

Je m'accrochais à ces moments heureux. Mais pour la première fois de ma vie, le bonheur m'échappait. Je n'arrivais pas à tomber enceinte, incapable de me faire à l'idée que je ne serais jamais mère.

Pour ne pas me noyer dans le chagrin, je sortais beaucoup avec mes copines Agathe, Chloé, Manon, Élodie et Clara. Ce soir-là, nous étions toutes attendues pour une soirée entre filles chez Rachel. En nous accueillant, Rachel semblait différente, presque impatiente ; en réalité, elle trépignait.

– *J'ai quelque chose à vous annoncer.*

J'aurais dû la prendre dans les bras, l'embrasser, la féliciter, mais j'avais juste envie de mourir pour ne plus voir son visage s'illuminer de bonheur, ni sa main attirée comme un aimant par son ventre. Aucun mot ne sortait de ma bouche. J'étais choquée, presque tétanisée.

Le lendemain, Rachel m'avait appelée pour savoir si je me sentais mieux. C'était le monde à l'envers ! La femme enceinte qui s'inquiétait de la santé de celle qui ne l'était pas.

Ce coup de fil avait servi d'électrochoc. J'avais décidé qu'au lieu de haïr ce corps, j'allais l'aider. Le parcours du combattant commençait. Des piqûres d'hormones à haute dose pour moi, des spermogrammes et prélèvements pour Pierre, des rapports sexuels sur ordonnance à date et heure précises… Et une fécondation *in vitro* bientôt programmée pour essayer de donner vie à nos rêves de parentalité. Ovocyte, embryon, blastocyste, réimplantation dans l'utérus, l'impression de me replonger à trente ans dans le programme de sciences naturelles des années collège. À l'époque, j'étudiais la reproduction chez les souris et cela semblait si simple de faire naître des souriceaux ! Simple, comme ma vie avant.

Ma tristesse enfouie, je risquais d'exploser dès que quelqu'un me demandait, sans aucune retenue, pourquoi nous n'avions toujours pas d'enfant. Je m'épuisais à essayer de tomber enceinte, à compter et recompter, chaque mois, les bons jours de mon cycle. À me rêver diplômée ès techniques ovulatoires. À faire attention à ce que je mangeais et buvais. À réduire ma consommation de clopes. À me coucher tôt après avoir ingurgité une tisane au goût infâme qui dope les hormones. Vite, vite, un bébé à tout prix pour que le conte de fées avec Pierre s'éternise.

En attendant que la médecine opère, je voulais nous laisser une dernière chance. Au quatorzième jour de mon cycle, le moment où j'étais censée être le plus fertile, j'avais bondi sur Pierre, sans me soucier de ses états d'âme, lui qui détestait faire l'amour dans le seul but de procréer. Ce n'était pas la première fois qu'il me le disait.

Pierre avait joui et s'était vite rhabillé. Quant à moi, je m'étais mise à faire le poirier. Sur Internet, celles qui arrivent à tomber enceintes distillent conseils et remèdes de grand-mère : apparemment, il fallait garder les jambes à la verticale pendant dix bonnes minutes pour ne pas laisser les spermatozoïdes s'échapper et surtout ne pas prendre de douche, au risque de tout gâcher.

Il était fâché mais je m'en foutais. Seul le résultat m'intéressait.

Paris

juillet 2011

Les femmes se sont longtemps battues pour obtenir le droit à l'avortement. Mon combat à moi, c'était de réussir à enfanter.

– *Vous êtes stérile. Je plains votre mari. Une femme même pas bonne à faire des enfants, pauvre homme !*

C'est ce que m'avait balancé le gynéco, pendant que j'étais à poil, les jambes écartées et les pieds calés dans les étriers. J'avais le souffle coupé ; j'étais incapable de riposter. C'était toujours ce cauchemar qui m'extirpait brutalement de mon sommeil. Est-ce qu'il y avait encore des personnes pour penser qu'une femme qui ne donne pas la vie est inutile ? Et si ce gynéco disait tout haut la nuit ce que je pensais tout bas la journée ? J'étais terrifiée à l'idée que Pierre puisse me quitter pour une femme plus féconde. Horrifiée de finir ma vie seule. Devenir une vieille fille n'était vraiment pas ce dont j'avais rêvé enfant, tandis que je promenais ma poussette pour poupée : « Quand je serai grande, je serai une super maman ! » La candeur de ma jeunesse m'explosait en pleine figure. J'étouffais mes sanglots dans l'oreiller pour ne pas réveiller Pierre, qui dormait paisiblement à mes côtés.

Et si c'était héréditaire ? Ma mère était tombée enceinte très facilement. « Comme au restaurant, j'ai commandé mon plat et hop tu es arrivée. » Cette histoire, mes parents me l'avaient racontée mille fois et avec une telle complicité que je ne pouvais imaginer un instant qu'il en fut autrement. La mère de Pierre avait connu des difficultés. À trente-cinq ans, alors que toutes ses amies avaient déjà deux ou trois enfants, elle avait fini par y arriver. Pierre était persuadé que je m'apitoyais sur mon sort ; il n'y avait, selon lui, aucune raison de s'inquiéter, vu que j'étais beaucoup plus jeune que ne l'était sa mère et que nous essayions depuis « seulement » dix-huit mois.

J'avais caché un test de grossesse sous le matelas. Tiraillée entre la peur d'un nouvel échec et l'envie de savoir, j'avais ouvert la boîte avec délicatesse et précaution, comme s'il s'agissait d'un coffret contenant une pierre précieuse. Deux minutes s'étaient écoulées au compte-gouttes. Puis deux traits roses étaient apparus. Palpitations, trop beau pour être vrai. Les yeux scotchés sur le test, je saluais ma chance ; je n'ai même pas eu besoin de faire une fécondation *in vitro* pour y arriver ! À cette loterie qui fait des ravages chez les trentenaires, j'avais tiré un ticket gagnant. Jamais je n'aurais pu imaginer que quelques gouttelettes d'urine feraient de moi une privilégiée.

Je mourais d'envie d'appeler ma mère, mes amies, la terre entière pour leur annoncer la bonne nouvelle. Mais je savais que Pierre se vexerait de ne pas avoir la primeur. Il était déjà parti travailler, et le soir, il dînait avec des clients. Toute la journée, j'avais hésité à l'appeler ; je composais son numéro puis renonçais, j'écrivais un texto puis l'effaçais.

De retour à minuit, un peu soûl, il avait été surpris de me voir encore debout, juchée sur le bar de la cuisine, à minauder comme une adolescente lors de sa première boum.

– *Alors, cette soirée ?*

– *Très bien. Et toi, pourquoi t'es pas couchée ?*

– *On va avoir un bébé.*

Haute-Savoie

au petit matin

Nous sommes dans l'ambulance, direction l'hôpital le plus proche. Le GPS annonce une heure de route. Bulletin météo du petit matin à la radio : « Fortes chutes de neige en ce moment, soyez prudents ! » Le chauffeur opine, ralentit dans un virage puis s'offre, quelques instants plus tard, une franche accélération alors que la route s'étire.

Pierre est assis à la place du mort, le visage figé. Je n'avais jamais vu mon mari prier. Dans les moments compliqués de l'existence, on va chercher Dieu comme on se munit d'une béquille après une entorse.

Parce que je suis jeune et en bonne santé, personne ne m'avait mise en garde contre le caractère aléatoire d'une grossesse. La route et ses lacets tortueux me secouent l'estomac, je vomis le peu de dignité qu'il me reste. Timidement d'abord, puis par giclées. Sur moi, sur l'ambulancier, partout. L'odeur atroce envahit le véhicule de secours. Je vis. Mais mon bébé est mort.

Toute ma vie, je me repasserai en boucle ces minutes qui ont précédé cet instant, cet avant si heureux dont je n'avais pas conscience. Les plus beaux moments de mon existence viennent de disparaître.

Pour toujours. Tout est fini.

Paris

novembre 2011

Finalement, j'avais décidé de garder le secret par crainte d'annoncer trop tôt la bonne nouvelle, par peur, surtout, que cela me porte la poisse. Le jour de la première échographie, je n'avais qu'une seule hâte : que le rendez-vous se termine pour appeler ma mère et mes meilleures amies. Elles m'avaient noyée sous leurs « Félicitations ! Je suis tellement heureuse pour toi ma chérie ! »

À la deuxième échographie, le médecin s'apprêtait à nous dévoiler le sexe du bébé, avant que Pierre ne l'en empêche. La surprise rendrait la naissance encore plus belle. De toute façon, si c'était une fille, elle avait déjà un prénom.

– *Si tu me veux, c'est avec ce package : Garance et moi ou personne.*

Cela faisait tout juste quatre mois que notre petite Garance existait dans mon ventre ; aucun de nous deux n'avait opté pour le scénario petit mec, comme si cela allait de soi que ce bébé serait une fille. Mais pas n'importe laquelle. Toi, Garance. Pierre s'était mis à imaginer une petite fille malicieuse avec des couettes hautes, des yeux pétillants et un rire attendrissant. Une fille à son papa. Elle le regarderait avec admiration ; il lui promettrait de la protéger toute sa vie. Cela le faisait rire qu'on parle d'Œdipe entre un père et sa fille mais il se braquait déjà si quelqu'un évoquait les futurs amoureux de Garance.

Le ventre badigeonné d'un gel visqueux et froid, l'examen commençait. Sur l'écran, on pouvait voir les pieds minuscules de notre bébé. Très concentré, l'échographe recherchait la crosse de l'aorte, le plus gros vaisseau de l'appareil circulatoire, et observait le chemin des artères. Les bruits du cœur faisaient penser à ceux des chevaux lancés en plein galop. Ça me fascinait. Je demandais à les réécouter. Par chance, le bébé était bien positionné, et le spécialiste avait donc pu passer en revue tous les autres organes – tête, colonne vertébrale, estomac, reins – puis inspecté minutieusement chaque membre – pieds, mains, doigts, fémur, abdomen. Déjà 700 grammes et

20 centimètres de vie immortalisés sur les clichés que le docteur nous tendait.

– *Beau comme maman et intelligent comme papa, ce bébé aura le meilleur des deux.*

Je riais jaune. Pierre, lui, souriait franchement.

– *Pas de cigarettes, pas d'alcool, pas de fromages non pasteurisés, pas de sushis, pas de tartare de bœuf, attention aux légumes mal lavés, pratiquez une activité physique de façon régulière, contrôlez votre poids, ménagez-vous, lavez-vous bien les mains, ne côtoyez pas des gens malades, ne vous teignez pas les cheveux, hydratez bien votre peau pour éviter les vergetures…*

Je ne sais plus trop si le médecin m'avait dit tout ça, mais c'est ce que j'avais entendu. À peine croyable le nombre de recommandations à encaisser ! Les médecins mais aussi la famille, les amis et des inconnus au détour d'une conversation banale, dans un bus ou à la boulangerie, s'autorisaient, au fur et à mesure que mon ventre grossissait, à me dire ce que je devais faire, et surtout ne pas faire. Un matin, la poissonnière m'a lancé :

– *Ah non ! Je ne vends pas de fruits de mer aux femmes enceintes ! Manquerait plus que vous tombiez malade et que vous veniez me faire un procès !*

Moi qui croyais naïvement que tout le monde se laissait attendrir par les envies insolites des futures mères. Apparemment, seules les fraises avaient bonne presse. Je ne rêvais que d'une chose : souffler et oublier tous ces conseillers du dimanche. La proposition de mes parents de passer Noël avec eux à Avoriaz tombait à pic.

Cette station de ski des Alpes, où j'allais en vacances depuis l'enfance, ressemble au paradis, avec ses montagnes majestueuses à perte de vue et ses calèches tirées par des chevaux de trait comme unique moyen de transport. Avec mon ventre bien planqué derrière une grosse doudoune, personne ne se risquerait à me faire des commentaires. On a toutes l'air un peu enceintes en tenue de ski.

Bien sûr, avant mon départ, le médecin m'avait bombardée de nouvelles injonctions :

– *Les à-coups de la voiture, ce n'est pas bon pour une femme dans votre état !*

– *Entendu, je prendrai le train.*

– *Ne portez pas de choses lourdes, cela peut déclencher des contractions.*

– *Compris, mon mari portera ma valise.*

– *Allez-y mollo sur la fondue, c'est au dernier trimestre qu'on prend le plus de poids et ce sont les kilos les plus difficiles à perdre.*

– *D'accord, je me rabattrai sur les soupes.*

– *Pas de champagne le soir de Noël, l'alcool peut provoquer des malformations cérébrales.*

Je n'avais pas eu le temps de répondre qu'il avait tout de suite enchaîné :

– *Et bien sûr, interdit de skier !*

Était-ce vraiment ce qu'on apprenait en fac de médecine ? À établir une liste d'interdictions, à faire culpabiliser les femmes pour un oui ou pour un non ? Est-ce que quelqu'un oserait lui rappeler que nous ne perdons pas notre bon sens au fur et à mesure que nos ventres s'épanouissent ?

– *Bien entendu, merci docteur.*

Avoriaz

28 décembre 2011,
3 heures du matin

La grossesse me fatiguait, ou peut-être était-ce l'altitude ? Pierre commençait à s'habituer à passer ses soirées seul. Il était à peine 21 heures et je n'entendais déjà plus le bruit de la télévision ni de ses éclats de rire devant ce bêtisier de Noël. Je dormais d'un sommeil profond qui, comme chaque nuit, allait être interrompu par une longue crise d'insomnie.

Cette nuit-là, des coups m'ont réveillée. Autour de moi, tout le monde dormait. Pierre et notre adorable petit chien, que l'on considérait un peu bêtement comme notre premier enfant, ronflaient en rythme. Un coup. Deux coups. Trois coups violents. C'était mon corps qui tonnait de l'intérieur. Je n'avais jamais ressenti une telle sensation. Pour tenter de comprendre, je me suis ruée sur le site Internet *Doctissimo*. Que des réponses terrifiantes ! J'ai fini par appeler l'hôpital le plus proche. Au bout du fil, l'infirmière n'était pas du tout inquiète :

– *Prenez une douche chaude. Si cela ne va pas mieux dans une heure, rappelez-nous.*

Apaisée par l'eau brûlante, je me suis finalement recouchée, plus sereine. Mais rien n'y faisait, mon corps ne voulait pas de Morphée. Il cognait encore plus fort. Mon ventre me faisait terriblement mal. J'étouffais. Je me suis échapée de ce studio de montagne sur la pointe des pieds pour aller frapper de toutes mes forces à la porte à côté. Mes parents ont sursauté en me voyant. Allongée entre eux, dans leur lit chaud, comme quand j'étais enfant, j'ai supplié ma mère de chercher au fond de son sac, de ses trousses de toilette et même dans les tiroirs de la cuisine, un antispasmodique. Face à la souffrance, j'imaginais avoir fait médecine.

– *Tu contractes.*

Je ne savais pas ce qu'étaient des contractions mais une chose était sûre, ma mère se plantait. Je n'étais enceinte que de six mois, l'heure n'était pas aux contractions.

– *Tu contractes, tu contractes, tu contractes.*

Avec une main sur mon ventre, elle a composé le 15, sûre d'elle. Mon père et moi avons tenté de négocier, en affirmant que cela pouvait attendre le petit matin, mais elle ne voulait rien entendre :

– *J'ai eu trois enfants, je sais ce que c'est.*

Un nouveau coup m'a pressée d'abandonner la partie.

Des pompiers ont débarqué à grandes enjambées, complètement dépassés par la situation. Dans leur sac se trouvait un kit spécial accouchement qu'ils semblaient découvrir. Super ! Des novices ! Je n'étais pas du tout rassurée. La nervosité s'ajoutait à la douleur. Je suppliais mon père de les remplacer, lui qui, dans son enfance, aidait les vaches à mettre bas. Plus j'avais mal, plus j'essayais de faire bonne figure. J'ai alors joué la dernière carte de l'humour pour décrisper la situation. Mais mes blagues de Bozo le Clown ont fait chou blanc.

Personne n'avait le cœur à rire.

2.

CATACLYSME

Hôpital de Thonon-les-Bains

6 heures du matin

Après un long trajet sur des routes de montagne, nous arrivons enfin à l'hôpital de Thonon-les-Bains. La nuit joue les prolongations. J'ai perdu beaucoup de sang et je crois avoir entendu un pompier parler d'hémorragie. Mais je ne pense qu'à une chose : mon bébé qui est mort en moi. Je suis sidérée par la vitesse avec laquelle le malheur s'abat.

Un médecin entre. Sans m'examiner, il sait. Il a déjà échangé avec son confrère du Samu. Il pose un monitoring sur mon ventre.

– *Le cœur de votre bébé bat.*

Ma douleur disparaît instantanément. Mes larmes cessent brutalement de couler.

– *Fausse alerte, désolée mon amour, on oublie tout, vraiment. Laisse-moi dormir. Oui, là, tout de suite, un lit, une couverture et un oreiller. Juste quelques heures de sommeil et on rentre à la maison. S'il te plaît, Pierre.*

– *Nous allons passer dans la salle d'à côté, la salle d'accouchement.*

La voix est solennelle, grave, autoritaire, presque morbide. Comment ça « accouchement » ? C'est impossible, je n'en suis qu'à six mois de grossesse ; je n'ai fait encore aucune préparation, je n'ai rien, je ne suis pas prête.

– *Ce n'est pas pour tout de suite, c'est pour dans trois mois à Paris. D'ailleurs, vous n'avez pas mon dossier, et je n'ai pas de papiers d'identité sur moi. Je ne sais pas comment faire... Oui, je veux une péridurale...*

Hurlements.

– *Vous n'êtes qu'à trente semaines d'aménorrhée. Nous allons devoir réanimer le bébé, pas sûr qu'il survive. Il va falloir être courageuse et efficace, votre enfant est trop faible pour supporter un accouchement difficile.*

Je n'ai pas le choix. Jamais dans ma vie quelqu'un n'a autant pris les commandes. Personne ne demande mon avis. Ce que je ressens non plus, ce que je veux encore moins. Il y a urgence. Urgence absolue.

Je bascule dans un univers dont ma légèreté et mon ignorance m'avaient jusqu'alors préservée ; je deviens un cas médical. La vie douce et dorée de mes jeunes années n'est plus qu'un lointain mirage. Je baigne dans du sang et de la merde, parfumés d'une odeur immonde de vomi séché. Je tremble de la tête aux pieds et cherche dans les néons de ce plafond blafard ma bonne étoile, qui jusque-là ne m'a jamais abandonnée.

Une sage-femme me déshabille et m'installe sur un fauteuil légèrement incliné. Les pieds calés dans les étriers, je n'ai pas d'autre choix que d'écarter les cuisses, alors que toute mon adolescence j'ai entendu : « Croise tes jambes, une fille ne montre pas sa culotte. » Ma pudeur n'est pas au bout de ses surprises. Un médecin me pique les fesses avec un médicament censé aider le bébé à respirer. Mon corps offert à ces inconnus se fige mais mon esprit galope. À quoi ressemble un bébé de six mois ? Est-ce qu'il a bien une tête, deux jambes et deux bras ? Va-t-il supporter l'accouchement ? Va-t-il vivre ? Comment on accouche ? Vais-je y laisser ma vie ?

Mon corps sonne le glas de cette interro surprise, à laquelle je n'ai aucune réponse. Un coup de poignard me traverse le ventre, puis un autre encore plus intense quelques secondes après. C'est donc ça accoucher : une douleur indescriptible dont on s'est bien privé de me parler. Je hurle sur cet utérus qui se détend puis se crispe, je hurle sur cet anesthésiste qui a dû se perdre dans les couloirs, je hurle sur ce médecin qui ne trouve pas les mots pour me rassurer, je hurle sur Pierre aussi qui, sous le choc, fait à peine de la figuration. Je crie tellement fort qu'on pourrait croire que nous sommes une dizaine de femmes à donner la vie en même temps.

– *Stop ! Reprenez vos esprits, on ne peut plus attendre.*

Je suis dans cette pièce depuis à peine quinze minutes et je me fais déjà engueuler car je n'accouche pas assez vite. Me reviennent, comme des flashs, les témoignages de victimes de violence obstétricale que j'avais lus, sans trop vouloir y croire. Je me sens très proche de cette femme à qui on demande de prendre sur elle alors qu'elle souffre le martyre ou de cette autre, sur qui la péridurale n'a pas fonctionné et à qui on explique que, dans le temps, les femmes étaient un peu moins douillettes ou encore de cette troisième, qui veut accoucher accroupie, à laquelle on balance que l'obstétricien n'a pas de temps à perdre avec des caprices. Sans oublier celle qui veut accoucher naturellement et qu'on pique malgré tout car « d'ici trente minutes vous nous supplierez de poser une péridurale alors autant gagner du temps ». Inconnues, sœurs et amies, j'aimerais, à cet instant, vous demander pardon d'avoir douté de vos paroles. Il aura fallu que cela m'arrive à mon tour pour que je comprenne à quel point certains mots transpercent plus que mille aiguilles.

Ne pas pleurer, respirer pour faire passer les contractions, ne pas paniquer, espérer. Un nouveau coup de poignard traverse le bas de mon dos. Inconsciemment, je refuse d'envisager le pire. Cet enfant, nous nous sommes battus pour l'avoir, nous l'avons tellement désiré. Le déni me donne la force de tenir.

– *À trois, vous poussez le plus fort que vous pouvez… 1, 2, 3.*

J'aimerais crier que je ne sais pas comment on accouche, que je ne suis pas une machine, que personne ne m'a donné le mode d'emploi et que non, ce n'est pas inné de faire sortir un bébé de sa vulve.

Un son presque inaudible, puis le silence total. Le pédiatre arrivé en catastrophe attrape le bébé, le réchauffe avec une couverture et lui pose sur le visage un masque à oxygène bien trop grand pour lui. Les médecins discutent ensemble dans un jargon incompréhensible. J'attrape, sans les comprendre, quelques mots au vol.

– *Naissance au terme de 30 semaines d'aménorrhée, par voie basse non instrumentale. Présentation par le sommet. Liquide amniotique clair. 1 400 grammes. Apgar à 1 minute : 4.*

Le bébé est vivant. Pour l'instant.

Chambéry

6 heures du matin

Un véhicule du Samu roule vite sur la bande d'arrêt d'urgence, sirènes hurlantes. À l'intérieur, le docteur Michel Taber, pédiatre réanimateur, et Cécile, une infirmière puéricultrice chevronnée. Ce matin, le chauffeur n'a qu'une mission : arriver à Thonon-les-Bains le plus vite possible.

Alors que le docteur Taber s'apprêtait à finir sa garde à Chambéry, un appel d'une consœur a bousculé ses plans. À sa voix, il a vite compris qu'il devrait tenir éveillé de longues heures encore. Par téléphone, il lui a expliqué les gestes de premier secours : administrer à la mère, deux fois à six heures d'intervalle, des corticoïdes pour accélérer la maturation pulmonaire du fœtus, ne pas pratiquer de péridurale – le bébé ne le supporterait pas – et surtout l'alimenter en oxygène dès qu'il sera né. Peu importe que les masques à oxygène dont cet hôpital dispose soient trop grands pour lui, il faudra coûte que coûte aider le nouveau-né à respirer.

Ses indications ne suffiraient pas, il le savait. L'hôpital de Thonon-les-Bains n'est pas équipé ni formé pour accueillir un bébé si immature. Michel Taber n'a pas eu d'autre choix que de faire le déplacement.

Trois jours après Noël et malgré la fatigue, il était impensable qu'il ne fasse pas tout son possible pour sauver un enfant.

Salle de naissance

6 heures 30 du matin

À la demande de l'obstétricien, Pierre sort de la salle d'accouchement. On garde rarement les pères pour l'expulsion du placenta afin de préserver le peu d'intimité qu'il reste aux mères. Il ne sait pas exactement ce que sa femme va encore devoir subir, mais il s'exécute sans discuter.

Dans ce couloir, tout son corps tremble. Les hurlements d'Héloïse résonnent dans sa tête, lui qui était totalement impuissant face à ces spasmes qui la secouaient comme si quelqu'un était en train de la torturer. « Tenez-lui la main », lui a ordonné le médecin. Pierre lui a aussi épongé le visage et murmuré cent fois à quel point il l'aime. Au lieu de ce maigre accompagnement, il aurait aimé souffrir à sa place ou *a minima* partager sa douleur.

Les sens en alerte, il essaie de percevoir chaque son afin de distinguer un pleur de son bébé, signe de vie. En vain. Désormais, il comprend pourquoi peu de temps avant l'accouchement, une infirmière lui a demandé s'il avait sur lui le livret de famille :

– *La loi ne vous oblige pas à l'ajouter dessus. Certains le font après le décès, d'autres non. La décision vous appartient.*

Les minutes s'écoulent et toujours aucun bruit. Dans le couloir, Pierre croise un autre papa. Hagard lui aussi. Pendant une seconde, il se dit qu'il pourrait s'en faire un allié ; peut-être que lui sait décoder le langage des médecins, peut-être qu'il pourrait le rassurer. La seconde d'après, Pierre se dit qu'il s'en fout de cet homme, de son enfant, de sa souffrance et de ses tourments. Tant pis, si son enfant à lui meurt, du moment que le sien vit.

Faute de discussion d'homme à homme, Pierre se tourne vers le ciel et en entame une avec son père, décédé d'un cancer un an plus tôt. Il aimerait savoir ce qu'il a ressenti à l'instant où il est né et surtout s'il s'y était mieux pris. Pierre n'a aucun doute, son père avait forcément assuré, comme lors de cette belle journée d'été, où sa mère avait failli y passer. Ce jour-là, ils pique-niquaient en famille autour de la pièce d'eau des Suisses, à Versailles. Cake aux olives, œufs durs, bâtonnets de carotte et de céleri, chips saveur barbecue et tomates cerises, c'est en croquant dans une tranche de melon bien juteux que sa mère, enceinte de huit mois, avait gobé une guêpe. Tout s'était joué en à peine trente secondes, son père avait mis tout le monde dans la voiture. Il s'en était fallu de peu pour que sa mère s'étouffe, et l'urgentiste l'avait félicité d'avoir été aussi réactif : « C'est ce qui a sauvé votre femme et votre petit garçon. » Pierre, du haut de ses six ans, avait assisté, médusé, à la scène et en avait gardé une admiration sans faille pour ce père qui gère. À cet instant, qu'est-ce qu'il aimerait lui ressembler, embarquer sa femme et son bébé il ne sait où et les sauver. Si seulement il avait fait médecine plutôt qu'une école de commerce…

– Papa, tu te rends compte, mon bébé est né le même jour que toi, mais ne me le reprends pas trop vite, je t'en supplie.

Pierre appelle sa mère. À la cinquième sonnerie, elle finit par décrocher :

– *Une merveille, mon chéri ! Je regrette tellement que vous ne soyez pas venus à Saint-Pétersbourg.*

Pierre reste silencieux. Les mots sont coincés dans sa gorge. Elle pense que la connexion est mauvaise. Raccroche puis rappelle.

– *Hélo a accouché.*

Elle le fait répéter pour s'assurer d'avoir bien compris.

– *Hélo a accouché.*

Elle veut tout savoir. Alors il raconte. Le réveil en pleine nuit, les contractions, les pompiers, l'hémorragie, le trajet en ambulance sous une neige épaisse, l'hôpital de Thonon-les-Bains, le cœur du bébé qui bat, l'accouchement sans péridurale, les hurlements d'Hélo et la naissance de ce bébé si petit, si fragile.

D'habitude, c'est Pierre qui console. Il a triste allure, le chef de famille. À la mort de son père, en bon aîné, il a endossé ce rôle et épargné à ses frère et sœur tracasseries administratives et gestion de la succession. À cet instant, mère et fils reprennent leur place. Elle promet à Pierre de prendre le premier avion. Ce soir ou demain matin au plus tard, elle sera à ses côtés en Haute-Savoie. Voyant sa mère retenir ses larmes, son autre fils lui arrache le téléphone, surpris d'entendre la voix de son grand frère de si bon matin.

– *Bravo frérot, tu es papa ! C'est génial !*

Il n'a pas compris. Pas encore.

****

Derrière cette porte, j'entends des bruits, des gens qui courent, des bébés qui pleurent. Quelqu'un me donnera-t-il des explications ? Depuis combien de temps suis-je seule, ici, dans cette salle d'accouchement ? Dix minutes, trente minutes, une heure ? J'ai le sentiment très désagréable d'avoir été oubliée. Où est Pierre ? Où est notre enfant ? À peine né, ils me l'ont tout de suite arraché. Je n'ai pas eu le temps de le regarder, encore moins de l'embrasser. La situation doit être grave pour que personne, pas même un médecin, n'ose franchir le pas de cette porte. Si seulement j'étais morte en couches, je ne serai pas plantée là, comme une conne, à attendre ! J'appuie frénétiquement sur le bouton rouge suspendu à mon fauteuil, et crie pour que quelqu'un vienne à mon chevet. J'ai horriblement mal au ventre ; j'essaye de le masser. Cette sensation de vide à l'intérieur me donne la nausée. C'est bien trop douloureux d'accoucher. Physiquement et mentalement. On ignore l'immensité des dangers qu'on court enceinte. Maintenant, je sais.

Moi qui aspirais à une famille nombreuse, mes rêves viennent de se briser. Adolescente, j'hésitais entre devenir journaliste ou femme au foyer. Le journalisme m'a rattrapée en premier, mais je sais que j'aurais été heureuse en maman cane entourée de ses canetons. J'avais l'instinct maternel. Tout le monde s'amusait de m'observer raconter, enfant, des heures durant, des histoires à mes ours en peluche. « Je joue à la maman », répondais-je sèchement quand on me dérangeait. Lassée parfois par leur immobilisme, je prenais mes cousines comme cobayes pour endosser le costume de la maman-maîtresse d'école. « Que je jouasse, que tu jouasses, attention il y a un piège, qu'il, qu'il jouât ! »

Remballée ma fibre maternelle, à la cave ce soi-disant instinct ! Je m'en veux d'avoir imaginé une vie si belle avec mon bébé et d'avoir rêvé de cette jeune maman déambulant dans les rues avec un landau, cheveux au vent et lunettes de soleil sur le nez. Je m'en veux d'avoir fantasmé sur l'odeur de poupon et la peau laiteuse à embrasser. Pourquoi personne ne dit jamais aux futures mères de ne pas idéaliser la vie de maman et de ne pas commencer à s'attacher dès la première échographie ?

Une chose est sûre, la maternité et moi, c'est terminé.

Couloir de l'hôpital

7 heures 30 du matin

– Nous n'avons pas les machines pour sauver votre bébé. Notre personnel n'est pas formé à ce type de cas.

– Alors, on fait quoi ? On le laisse mourir ? Parce que des connards d'hommes politiques ont coupé le budget de l'hôpital public ?

Pierre est hors de lui. Le médecin lui explique que les hôpitaux français sont classés par niveau. Ici, un niveau 1 : une simple maternité pour les naissances sans difficulté. Le niveau 2 dispose d'une unité de néonatologie ou d'un service pédiatrique. Le niveau 3 comporte un service de réanimation néonatale, avec du personnel à la pointe pour faire face à toutes les situations. Consciente de ses limites, cette pédiatre a déjà appelé à la rescousse un de ses collègues, exerçant dans un hôpital à plus d'une heure de route, qui vient justement d'arriver. Ébahi, Pierre le regarde installer son enfant dans une couveuse de transport.

Il ne comprend pas comment son bébé peut être vivant, alors qu'ils l'avaient tous donné pour mort.

Vivant mais perdu dans une grande couveuse, le corps si frêle, la tête recouverte d'un minuscule bonnet et les yeux vitreux légèrement entrouverts. Pierre a à peine le temps de prendre une photo que le convoi repart. Dans un hôpital de niveau 3. Des motards de la gendarmerie escortent l'ambulance. On se croirait dans un film, mais un film muet. Pas le temps pour les présentations ni pour les explications.

Pierre s'empresse de rejoindre sa femme avec la photo, la seule chose qu'ils ont de leur enfant. Il la lui montre, la rassure du mieux qu'il peut et passe sous silence le fait qu'il vient de se faire rembarrer par ce médecin venu d'ailleurs :

– *Impossible, vous ne montez pas avec nous dans le véhicule du Samu.*

****

Le téléphone de Pierre n'arrête pas de sonner. Il a l'impression de s'être transformé en chargé de communication d'une cellule de crise, sauf qu'il n'a pas de plan B sur lequel s'appuyer. Toute sa famille lui demande des nouvelles d'Héloïse et du bébé. Il répète inlassablement l'histoire, du réveil en pleine nuit à cet accouchement si imprévisible. Les mêmes détails : 1 400 grammes, « oui oui c'est petit » ; le bébé parti, à Chambéry, en ambulance, « non, non, sans moi, le médecin n'a pas voulu » ; le regard vague et lointain d'Héloïse, « elle ne veut parler à personne, elle n'est pas en état ».

Ils ont tous envie d'entendre que ça va aller, que le bébé est entre de bonnes mains. Mais comment pourrait-il les rassurer alors qu'il est lui-même terriblement inquiet ? Pendant un court instant, il aimerait avoir le courage d'être un parfait salaud et de la planter là, de la laisser se démerder et de se tirer loin, très loin de cette ville dont il n'avait jamais entendu parler.

Le téléphone sonne à nouveau. Au bout du fil, Alexandre, son meilleur ami.

– *J'ai failli perdre Hélo cette nuit, en réalité je l'ai un peu perdue. Si tu la voyais… Elle est triste, complètement ailleurs, comme vidée. Et ce bébé, tu ne peux pas imaginer comme il est petit. Je l'ai entraperçu quelques secondes, tout juste la taille d'un baigneur ! Je ne le sens pas Alex, mais vraiment pas.*

Pierre se souvient avec mélancolie du jour de la naissance de Noé, le fils d'Alexandre. Un texto « la maman a bien bossé », un nourrisson adorable dans ses bras et le soir un rendez-vous dans un bar pour fêter l'arrivée de l'héritier. C'est ça, une naissance : une fête, de la joie, des embrassades et une bonne cuite pour marquer le coup. Pas se retrouver comme un con tout seul dans un couloir d'hôpital avec un enfant parti je ne sais où et une femme hagarde, complètement choquée. Le téléphone de Pierre sonne à nouveau. Le frère de son père. À lui aussi, il tait ses angoisses. Il ne comprendrait pas de toute façon.

Personne ne peut concevoir que la vie puisse avoir le goût de la mort.

Chambre 12

9 heures du matin

– *Vous devez vous reposer, vous vous êtes vidée d'une bonne partie de votre sang.*

Me reposer. Cette infirmière me demande de me reposer. Elle se fout de moi ! Je viens de donner la vie à un bébé que je n'ai ni vu ni embrassé. Je ne sais même pas s'il est vivant. J'en viens à me demander s'il existe ou si mon imagination me joue des tours… Mais je dois me reposer. Je me retiens de hurler à nouveau. Je n'ai plus la force. Je suis sonnée.

Une autre infirmière entre dans ma chambre. Épuisée par ses journées à rallonge et obnubilée par le nombre de patientes qu'elle doit encore visiter, elle ressemble à un automate. Ses tâches sont innombrables : faire une petite toilette, changer la perfusion, soigner les plaies, prendre la tension, déposer le plateau-repas, rappeler à la patiente qu'elle doit changer de couches hygiéniques tous les quarts d'heure, l'aider à se relever pour aller aux toilettes, surtout ne rien oublier. Pas le temps de s'épancher. Seul signe d'humanité : une blouse en tissu qu'elle m'offre en guise de vêtement.

Une psychologue prend la relève. Je comprends assez vite qu'elle n'a aucune information sur mon bébé. Elle a beau répéter que tout va bien se passer et que je n'y suis pour rien, cela ne change pas la réalité : mon enfant n'aurait pas dû naître aujourd'hui. Son soutien ne m'apporte aucun réconfort. Le regard vide, je fixe le bout de mon lit où trône un baluchon avec mon pyjama recouvert de sang. Dernier vestige de la scène de crime.

En fin de matinée, je finis par reprendre quelques forces. Mon cerveau se remet instantanément à s'agiter. Est-il vivant ? À quoi ressemble-t-il ? Survit-on à six mois de grossesse ? Que va-t-il se passer ? Je n'ai que des bribes de réponses. Personne ne m'informe si le bébé est arrivé, ni où il est, dans un hôpital ou… à la morgue. Je n'ai aucune nouvelle. Trop occupés à soigner les corps, les médecins oublient les vagues à l'âme. Internet devient à la fois mon meilleur ami et mon pire ennemi, et ce que j'y lis me rend encore plus anxieuse. Apparemment, les chances de survie sont quasi nulles et pour les quelques enfants qui s'en sortent, c'est au prix de graves séquelles.

Une infirmière entre dans ma chambre pour changer la perfusion :

– *C'est une fille. Vous avez de la chance, elles résistent mieux à la prématurité. C'est statistique.*

Je me suis toujours méfiée des formules mathématiques, de cette façon de compter tout et n'importe quoi. On leur fait dire ce qu'on veut, aux chiffres. Les bons pronostics et les catastrophiques dépendent toujours du contexte et des ressources qu'on y met. Cette fois, pourtant, ça m'arrange bien que la statistique soit de mon côté. Pierre, lui, ne semble pas comprendre que dans notre malheur, nous avons de la chance. Comme s'il n'arrivait pas à se faire à l'idée que notre enfant puisse être vivant. Sa façon de toujours voir la bouteille à moitié vide ne m'a jamais autant agacée qu'aujourd'hui. J'en viens même à m'interroger. Ai-je épousé la bonne personne ?

****

Une fille, j'en ai rêvé, mais pour conjurer le sort, je n'ai pas quémandé en douce le sexe lors de la dernière échographie. Pierre n'était pas avec moi, c'était tentant, mais j'ai tenu bon. Plus par superstition que par loyauté. Mais au moins cela a fonctionné. Mon premier enfant est une fille, comme cela avait été le cas pour ma mère, ma grand-mère et mon arrière-grand-mère maternelles. C'est pour moi une immense fierté d'avoir réussi à perpétrer la lignée.

Malgré tout, j'ai dans la bouche un goût de trahison. Pourquoi elles ne m'ont jamais parlé de prématurité ? Pourquoi elles ne m'ont pas prévenu que cela pouvait arriver ? Ma mamie me racontait les longues journées dans les champs, le dos courbé, son gros ventre raclant presque la terre. Ma mère se plaignait que mes frères et moi n'avions pas été pressés de sortir et que le mot « délivrance » avait pris tout son sens quand, à la fin du mois d'août, sous des chaleurs difficilement supportables, je m'étais enfin décidée à pointer le bout de mon nez. Mes amies parlaient avec effroi des enfants nés post-terme, en me mettant gentiment en garde :

– *Tu verras, six jours après le terme, les médecins déclenchent car ça devient trop dangereux.*

Je m'étais donc préparée à garder mon bébé au-delà des neuf mois fatidiques… mais l'inverse est arrivé. Comme beaucoup de futures mères, j'avais écumé les forums de grossesse, lu les témoignages des autres mamans et dévoré les livres spécialisés. J'avais entendu parler de col ouvert qu'on mesure en doigts, de l'utérus qui peut être rétroversé, de malformation intra-utérine… mais rien sur la prématurité. Pas de chance ! La sage-femme non plus n'avait jamais abordé ce sujet. Elle m'avait pourtant demandé d'être vigilante les trois premiers mois tant que le bébé n'était pas bien accroché, puis m'avait encouragée à profiter des mois suivants : « Une période de grâce ! Vous êtes enceinte, pas malade. »

Avec l'arrivée si brusque de mon premier enfant, j'ai la mauvaise impression d'avoir mis la main sur le secret le mieux gardé de l'humanité. Une naissance se doit d'être heureuse ; c'est, dit-on, le plus beau jour de la vie d'une femme. Alors chuuut !

Ne parlez pas des douleurs de l'accouchement, de la prématurité, du risque de handicap, d'éclampsie, d'épisiotomie, de la dépression post-partum et des femmes qui perdent leur bébé en toute fin de grossesse… Taisez-vous ! Personne ne voudrait que les femmes se dressent une fois pour toutes, en connaissance de cause, contre cette mission ancestrale qu'on leur a attribuée. Que nous nous plaisions à être femme sans jamais passer par la case mère, ce serait pire que la fin du monde ! Alors faites silence et tant pis pour les quelques victimes collatérales, dont je fais désormais partie, pour qui la naissance ne se passera pas comme imaginé. Le silence est d'or.

« Vous êtes enceinte, pas malade. » C'est à se demander, quand même.

Mairie de Thonon-les-Bains

10 heures du matin

– *Garance est née, Garance est née. Je file à la mairie déclarer sa naissance.*

Pierre ressemble à Rafiki, ce babouin pressé de présenter le petit Simba à tous les autres animaux de la savane dans cette scène culte du *Roi Lion*. À défaut d'avoir pu couper le cordon ombilical, Pierre se rattache à une autre image d'Épinal : celle du père qui officialise son bébé aux yeux du monde. Je l'envie de réussir à chasser les idées noires par des préoccupations aussi terre à terre. Moi, j'en suis incapable. Comme pour éloigner le choc, je me refais sans cesse le film de cette matinée. En boucle, je raconte, je pleure, je pleure, je raconte.

Pour Pierre, c'est une évidence, Garance est là. Finalement non. J'ai changé d'avis, ce bébé ne s'appellera pas… J'ai du mal à prononcer « Garance ». Si elle meurt aujourd'hui, je ne veux pas que ce prénom que j'aime tant soit sur une épitaphe. Je ne veux pas que la vie de Garance, qui a commencé il y a plus de vingt-cinq ans dans ma tête, s'arrête aujourd'hui. Je ne veux pas tuer ma Garance.

Si cela ne tenait qu'à moi, je ne lui donnerais pas de prénom du tout. La nommer, c'est espérer un futur possible avec elle, alors qu'au vu de son état de santé, je ne peux pas envisager quoi que ce soit.

– *Je te laisse choisir un autre prénom.*

Pierre argumente, débat puis finalement tranche :

– *Ce sera Garance. Un point, c'est tout !*

Il quitte la chambre, d'un pas décidé, direction l'Hôtel de ville. Une infirmière m'apporte un croissant, un verre de jus d'orange, de l'eau chaude et un sachet de thé parfumé à la cardamone. L'odeur me transporte en Inde ; j'avais vingt-trois ans, c'était mon premier voyage de presse. Je venais d'interviewer un patron d'une société informatique locale, extrêmement prospère. J'essayais de montrer un peu d'enthousiasme pour sa *success-story*, mais j'étais épuisée par le décalage horaire et la chaleur écrasante. À peine l'interview terminée, j'étais allée me désaltérer dans un café climatisé. Une femme en haillons avait surgi, un nouveau-né dans les bras, en criant : « *Take him, take him, otherwise he will die !* » Elle nous suppliait de prendre son bébé, sinon celui-ci allait mourir.

Son regard désespéré, ses bras déterminés qui me tendaient son enfant m'avaient propulsée dans un monde que j'ignorais. « Il faudra raconter cette rencontre dans mon article… L'Inde, le pays de tous les contrastes, cela pourrait faire un bon titre », avais-je d'abord pensé avant de courir à la pharmacie lui acheter un biberon et deux boîtes de lait. Sept ans après, me voilà, tout comme cette femme, prête à abandonner mon enfant, si c'est le prix à payer pour qu'elle s'en sorte.

****

Il n'y a pas foule ce matin. L'officier d'état-civil félicite chaleureusement Pierre. La naissance le met en joie. À Thonon-les-Bains, il n'y en a pas eu une seule en décembre ; mais tellement de décès à cause de cette satanée grippe.

Le certificat d'accouchement, la pièce d'identité du père, de la mère, le livret de famille pour les couples mariés, c'est ce qu'il faut en France pour déclarer un enfant. Rien de bien compliqué. Mais quand la naissance n'est pas prévue, tout prend une autre tournure. Pierre se rappelle avoir scanné les documents officiels. « Ne te moque pas Hélo, un jour ça pourra servir. » À cet instant, il se félicite presque d'avoir été aussi prévoyant. Il communique toutes les pièces au fonctionnaire puis le regarde taper, touche par touche, sur son clavier. Il prend son mal en patience. Seul le résultat compte. Un peu comme ces croyants, pressés de baptiser leur enfant, de peur que Dieu ne les accueille pas au paradis s'il arrivait malheur, Pierre est effrayé à l'idée que sa fille meure avant d'avoir une identité.

Pierre attrape l'acte de naissance tout juste imprimé, comme s'il avait mis la main sur un trésor. « Garance ». « Thonon-les-Bains ». Cela lui semble irréel. Il y a quelques semaines encore, Héloïse et sa mère se disputaient pour savoir s'il valait mieux accoucher dans une clinique privée ou dans un hôpital public. La clinique privée, c'est le choix du médecin, la personnalisation des soins, le confort de ne pas avoir à partager sa chambre. L'hôpital public, c'est la gratuité mais surtout l'infrastructure pour pallier toute urgence. Mère et fille s'écharpaient, chacune campant sur ses positions. « Garance ». « Thonon-les-Bains ». Que leurs débats lui semblent stériles… La clinique privée d'un quartier chic ou l'hôpital public… Quelle importance ? Pierre prend conscience de la chance qu'il a de vivre dans un pays où on soigne d'abord, et où on ne parle couverture sociale, mutuelle et frais qu'ensuite. Le serment d'Hippocrate se colore bien de bleu-blanc-rouge.

– *Il y a une faute à mon nom de famille. C'est comme Dupont avec un « t » : si vous mettez un « d » à la place, ce n'est pas le même nom…*

– *On est au XXIe siècle, monsieur, donc vos histoires de particule, c'est un peu dépassé, non ? Si c'est vraiment important pour vous, vous pourrez faire plus tard une requête au ministère de la Justice.*

L'officier ne veut rien entendre ; en français la première lettre d'un nom de famille s'écrit avec une majuscule, pas une minuscule.

– *Des générations que mon nom s'écrit ainsi, ce n'est pas à Thonon-les-Bains que cela va changer ! Ma fille portera le même nom que moi et avec la même orthographe !*

Alors que le fonctionnaire lui explique en détail la procédure, Pierre, agacé, se tient prêt à partir au combat. Pour prouver à son père disparu qu'il a pris la relève. Pour prouver à sa fille qu'elle peut compter sur son papa, qui la protégera coûte que coûte.

Une heure plus tard, le voici de retour à l'hôpital, brandissant fièrement un papier. Un acte de naissance.

Garance des Monstiers est née le 28 décembre 2011 à 6 h 34 à Thonon-les-Bains (Haute-Savoie).

3.

LA RENCONTRE

Centre hospitalier de Chambéry

17 heures

Au bout d'une heure et demie de route, Garance est arrivée à bon port, à Chambéry. Pierre et moi ne tenons plus en place. Mille scénarios se croisent dans nos têtes. Malgré un contre-avis médical et après avoir signé une décharge, les médecins finissent par nous laisser partir en ambulance. La route est belle et ensoleillée de la même lumière froide qu'hier lorsque nous buvions tranquillement un citron chaud, assis en terrasse face aux montagnes, sans nous douter un instant de ce qui allait se passer.

L'excitation chasse les idées noires. Nous allons rencontrer notre fille ! Pour la première fois de la journée, je souris. J'en oublie presque que je suis reliée à une perfusion lorsque l'ambulancier me fait signe de rester allongée. L'ambiance est joyeuse, Pierre se prépare à son rôle de père. Plus que quelques kilomètres...

En traversant le centre hospitalier de Chambéry en fauteuil roulant, je sens mon cœur qui frétille, qui se serre, qui bondit, qui bat à cent à l'heure. Comme avant un rendez-vous amoureux, j'ai des papillons dans le ventre, la bouche qui s'assèche. Puis j'aperçois enfin le couloir de la maternité. Sur la porte de chaque chambre figure un écriteau, sur lequel on peut lire en grosses lettres, au feutre, le prénom de la mère et celui de son enfant.

Charlotte et Manon.

Patricia et Romain.

Géraldine et Charles.

Salima et Amin.

Chloé et Camille.

Héloïse.

Mon cœur se brise. Mes larmes reviennent. À quoi bon écrire le prénom d'un enfant qui est déjà mort ? Tout est fini. Garance n'a pas survécu à sa première journée.

Une infirmière passe. Pas le temps pour les présentations. Pierre hurle. Toute l'angoisse qu'il a essayé de refouler depuis son réveil sort d'un coup, dans ce couloir de maternité. Il est incontrôlable, presque fou.

– *Pourquoi ? Pourquoi il n'y a pas le prénom de mon enfant comme sur les autres portes ?*

L'infirmière lui répond, mais il n'entend pas.

– *Pourquoi vous n'avez pas écrit son prénom, Garance ? Où est ma fille ?*

Nous ouvrons la porte de la chambre, en espérant la trouver. Un lit réglable *via* une télécommande suspendue à un fil, un matelas plastifié, un fauteuil en skaï, une petite penderie, une minuscule table à roulettes, une salle de douche attenante avec une barre pour se tenir et une sonnette pour appeler en cas de malaise. Mais pas de berceau, pas de gazouillis, pas de pleurs, pas de bébé.

Pas de Garance.

Réanimation néonatale

18 heures

La rencontre se fait à un autre étage. Au sous-sol de l'hôpital. L'accès y est sécurisé. Premier interphone :

– *Bonjour, vous êtes ?*

Je n'arrive pas à répondre alors Pierre le fait pour nous. L'entendre énoncer ce que nous sommes devenus en même pas douze heures me donne le vertige. C'est peu, douze heures. Pourtant ces douze heures sont en train de bouleverser ma vie, sûrement à jamais.

– *Nous sommes les parents de Garance.*

Une porte s'ouvre. Deuxième interphone. Même question, même réponse. Une infirmière nous accueille et nous conduit au vestiaire. Pour franchir la dernière porte, nous devons porter une charlotte, un masque, et nous laver les mains et les avant-bras pendant de longues minutes. Elle nous explique avec moult détails :

– *N'oubliez pas les ongles et enlevez vos alliances, ce sont des nids à microbes. Une fois vos mains séchées, badigeonnez-les de gel hydroalcoolique.*

Derniers accessoires, qui n'en sont pas : des surchaussures et une blouse. Obligatoires. Ainsi accoutrés, nous faisons bloc contre la moindre bactérie. Sur la dernière porte, une pancarte indique :

RÉANIMATION NÉONATALE

Dans le couloir, des néons attenants à des salles quasi plongées dans l'obscurité nous aveuglent. Pendant un instant, cela sonne de partout ; il est impensable que les bébés arrivent à dormir avec un tel raffut. Puis, un silence glaçant, qui sera, la minute suivante, rompu par des bruits tous différents mais sourds. Partout, des infirmières très concentrées sur leurs tâches vont et viennent, en faisant très attention à maîtriser leurs pas et le niveau sonore de leurs échanges.

Sur une table, un dépliant recense les prématurés célèbres : Victor Hugo, Henri IV, Isaac Newton, Voltaire, Albert Einstein, Churchill… Est-ce ainsi qu'ils espèrent me rassurer ? « Aujourd'hui, c'est très dur mais séchez vos larmes, ne vous inquiétez pas, votre enfant sera un génie quand il sera grand. » Ridicule ! Je me fous de savoir si elle deviendra chercheuse, romancière ou scientifique reconnue. Tout ce que je veux, à cet instant, c'est qu'elle vive. Qu'elle survive.

Un peu plus loin, sur un mur, je vois plein de photos d'enfants façon « avant/après ». Sur la première image, ils sont chétifs et fragiles, puis sont en pleine forme quelques mois ou années plus tard. Je prends le temps de les observer. J'ai l'impression d'être au début d'un chemin dont la ligne d'arrivée pourrait ressembler à cette petite fille souriante et posant fièrement à côté d'un vélo rose avec des petites roulettes. Évidemment, ici, que des succès. Personne n'a l'indécence d'envoyer la photo d'un cercueil. Il y a aussi des petits mots, beaucoup de remerciements pour le corps médical. Un message me marque : « La réa, on pleure quand on y arrive, on pleure quand on la quitte. »

Nous reconnaissons de loin le médecin qui est venu récupérer notre fille à Thonon-les-Bains : le docteur Taber. Il se présente, il a le contact facile ; je le trouve chaleureux. Pierre le regarde d'une façon étrange, comme s'il était surpris par son attitude débonnaire.

– *Soyez ici comme chez vous, cette unité est ouverte 24 heures sur 24. Vous venez quand vous le souhaitez, à n'importe quelle heure du jour et de la nuit. Sur ce carnet de liaison, les puéricultrices notent tous les événements pour que vous sachiez exactement ce qui s'y passe.*

Nous essayons d'absorber la quantité d'informations qu'il nous donne. Nous tentons en vain d'apprivoiser ce lieu dont on ignorait hier encore l'existence. Surtout, nous devinons que nous allons devoir y passer un petit moment.

– *Votre fille se repose, on a finalement dû l'intuber. On vient de lui injecter une dose intra-trachéale de surfactant pour l'aider à mieux respirer.*

Ces mots, « intra-trachéale », « surfactant », « intuber », je ne crois pas les avoir déjà entendus, mais je comprends au ton de la voix de ce médecin que ce n'était pas une mince affaire. Sur sa lancée, il explique à Pierre, à grand renfort de diminutifs – « scope », « sat », « brady » – comment fonctionnent toutes les machines auxquelles notre fille est reliée. D'ordinaire, je me serais agacée que dès qu'on parle en termes techniques, on s'adresse de façon instinctive à l'homme, mais à cet instant précis, cette répartition des tâches me convient parfaitement.

Nous entrons d'un pas hésitant dans une salle quasiment plongée dans le noir. Pour faire le moins de bruit possible, nous contrôlons notre respiration, et nos mains se frôlent à peine. La puéricultrice nous explique qu'il faut éviter toute stimulation physique, qu'elle soit sonore ou lumineuse.

Elle s'appelle Cécile, c'est écrit sur le badge couleur rose layette agrafé à sa blouse. Elle est souriante, affable et surtout elle ne semble pas du tout impressionnée par toutes ces couveuses alignées les unes après les autres. Elle nous conduit à l'une d'entre elles ; sur une paroi se trouve un autocollant en forme de girafe, avec le prénom de notre fille. Ils ont de l'humour ici, une girafe pour représenter un si petit bébé !

À l'intérieur, Garance. Garance bien à l'abri dans cette coque qui fait barrage contre la moindre infection, puisque son corps ne possède pas de défenses immunitaires. Garance reliée à une machine qui l'aide à respirer. Garance avec des électrodes partout sur son corps qui contrôlent en temps réel son pouls, son rythme cardiaque, son taux d'oxygène dans le sang, sa pression artérielle et sa température. Garance alimentée par une sonde gastrique qui lui distille 3 millilitres de lait toutes les trois heures. Garance complètement nue, mise à part une couche si petite qu'on dirait qu'elle est faite pour une poupée. Garance lovée dans un petit boudin, affectueusement réalisé avec une serviette en éponge.

De chaque côté de sa couveuse, deux petites ouvertures dans lesquelles nous pouvons glisser nos mains. Je la touche doucement une première fois, mais avec des gants en latex, à cause de ce vernis que je m'étais appliqué le soir de Noël, source potentielle de microbes. À son tour, Pierre pose délicatement son index et son majeur sur le torse de sa fille et caresse de son pouce mes doigts. Nous sommes réunis tous les trois, pour la première fois. Réunis à l'intérieur d'une boîte en plastique.

Une infirmière me tend un mouchoir. J'essuie mes yeux et me penche au-dessus de la couveuse, la voix chevrotante. Mes premières paroles sont des mots d'excuses : « Ma petite fille, pardon de ne pas t'avoir gardée plus longtemps dans mon ventre. » Puis, je murmure un : « Enchantée Garance, je suis ta maman. »

Pas complètement convaincue par ce que je suis en train d'affirmer.

Réanimation néonatale

21 heures

Tu ne ressembles pas du tout au bébé dont j'avais rêvé. Le soir, lorsque je m'endormais en caressant mon ventre, j'imaginais un autre enfant. En bonne santé, dodu, joufflu et avec des cuisses potelées. Un enfant à embrasser, à prendre dans les bras et à câliner. Un enfant posé contre ma poitrine, repu, sa respiration calée sur la mienne. Un enfant qui ne dépendrait que de moi pour vivre, se nourrir et être aimé. Un enfant qui pleure, qui crie, qui s'égosille. Qui babille et fait ses premiers sourires. Un bébé Cadum comme ceux qu'on voit dans les publicités.

À la place, je fais face à un corps immobile emprisonné dans une boîte en plexiglas, qui ne fonctionne que grâce à un ensemble de machines, de fils et d'apports minutieusement calculés. D'un être entre la vie et la mort, incapable de respirer et de s'alimenter seul. D'un bébé – si on peut t'appeler ainsi – caché derrière des tuyaux, des électrodes et des sondes. D'un nouveau-né qui ne sourit ni ne pleure et ne réclame ni lait ni câlins. J'ai, face à moi, une petite qui refuse d'être happée dans un monde trop grand pour elle.

Et puis, je te regarde et je t'aime déjà, toi qui luttes chaque seconde depuis ce matin pour faire battre ton cœur. Je me demande ce que tu comprends de tout ce qui t'entoure. J'imagine que tu regrettes déjà la douceur de mon ventre, mais nous allons faire comme si tu étais toujours dedans. Je resterai à tes côtés, chaque jour, chaque heure, chaque minute, pour te donner la force de tenir. Je te conterai la beauté des câlins et le pouvoir de l'amour, je te parlerai de ton papa et de ta famille qui a si peur pour toi. Je te raconterai nos futures sorties au parc, nos bains moussants et nos crises de fou rire devant tes grimaces dans le miroir. Je t'habillerai comme une poupée, avec des robes à volants et des barrettes à fleurs. Je te déguiserai en fée et même en super-héroïne, ce rôle que tu mérites plus que quiconque. Je t'emmènerai partout où je vais, clamant à tous ceux qui veulent l'entendre : « Je vous présente Garance, ma fille. »

Je t'inventerai des comptines, je te couvrirai de baisers, je t'apprendrai à marcher la tête haute et à vivre tes rêves. Je te raconterai pourquoi tu t'appelles Garance et que je t'attendais depuis toujours. Je serai la meilleure maman du monde, je te le promets. Mais toi, promets-moi d'être forte, de t'accrocher et de grandir. Garance, je t'en supplie.

Perdue dans mes pensées, je sursaute lorsque l'écran, qui enregistre tous tes paramètres vitaux, se met frénétiquement à biper. Ton rythme cardiaque s'accélère. Une infirmière accourt et caresse ton dos de façon énergique, comme pour te demander de rester parmi nous :

– *C'est une longue journée pour elle. Il faut qu'elle se repose et vous aussi, je pense.*

Elle a raison, je n'ai plus d'énergie. Je remonte avec Pierre dans ma chambre. Sur la porte, ton prénom a enfin été ajouté. Il savoure cette petite victoire mais regrette aussitôt de ne pas pouvoir rester dormir à mes côtés. S'il avait été plus sympa tout à l'heure avec cette infirmière, elle aurait peut-être accepté. Au lieu de cela, elle lui explique qu'il aurait fallu demander en début d'après-midi une dérogation au directeur de l'hôpital et qu'il est désormais trop tard pour le déranger. Pierre n'a plus la force de se battre. Lui non plus n'a plus d'énergie. Il rend les armes, et, dépité, m'abandonne. Direction un hôtel tout proche du centre hospitalier, où mes parents viennent d'arriver.

Désormais seule, je suffoque. Une autre infirmière me tend un somnifère que je refuse d'avaler, de peur qu'il se passe quelque chose cette nuit et d'être incapable de me réveiller. Le silence et l'obscurité de ma chambre me tétanisent, comme quand j'étais petite et que je suppliais ma mère de laisser la lumière du couloir allumée et la porte bien entrouverte.

Dans les chambres à côté, des nouveau-nés pleurent. Par ma fenêtre, j'aperçois, comme des ombres chinoises, les autres mamans les sortir de leur berceau et leur donner le sein. Il est déjà minuit. J'hésite à appuyer sur ce bouton pour que l'infirmière revienne à mon chevet, mais elle me demanderait sûrement de me reposer et me proposerait à nouveau ce satané somnifère… Alors à quoi bon ?

Pendant que mes voisines de chambre deviennent les héroïnes d'un spectacle dégoulinant de tendresse, je tiens le premier rôle d'un film d'horreur.

Chambre 135

minuit

J'ai besoin de parler. J'attrape mon téléphone, mais me rends compte qu'il est trop tard pour appeler qui que ce soit. Trop tard pour flinguer la nuit de mes meilleures amies. Malgré tout, je ressens le besoin de leur raconter ce que j'ai vécu aujourd'hui et de leur dire que je suis devenue maman. Une maman pas comme les autres.

Je commence un mail.

Chambéry, le 29 décembre. 00 h 38

À : Groupe *mes meilleures amies*

Objet : Des nouvelles surprenantes

Je vous écris. Non, ce n'est pas moi qui écris. Ce sont mes tripes, ma colère et ma peur qui prennent la parole. Elles écrivent d'un endroit où personne n'aimerait se trouver. Elles ne veulent plus que ce que vivent des milliers de familles soit passé sous silence. Elles refusent de porter en étendard ce mythe ancestral.

Non, la naissance d'un enfant n'est pas le plus beau jour de la vie d'une femme. Du moins, pas de toutes. Pas pour celles qui découvrent, au cours d'une banale échographie, une anomalie congénitale, celles qui vont perdre un enfant *in utero*, celles qui vont mourir en couches, celles qui ont peur à chaque instant que leur corps lâche, celles qui ont un enfant hospitalisé, celles qui vont sombrer dans le baby-blues, celles qui vont hurler à la mort, celles qui crient à l'injustice, celles qui pleurent de rage, celles qui deviennent mutiques, celles qui sont maltraitées, celles qui se sentent démunies face à ce petit être qu'on leur colle dans les bras en leur demandant sur-le-champ de l'allaiter et celles qui, comme moi, découvrent l'enfer de la prématurité. Tellement de femmes, tellement d'héroïnes, dont on ne parle jamais.

Je me suis souvent demandé quelle était la raison de ce silence assourdissant. Est-ce parce que cela ne se fait pas de jeter son malheur en pâture et d'exposer ses souffrances comme autant de trophées ? Ou a-t-on inconsciemment peur que les femmes rechignent à devenir mères, si elles savaient les risques qu'elles encourent ? Que l'humanité s'éteigne par crainte de donner la vie ? Parce que oui, donner la vie fait peur. Mais passer sous silence tout ce qui peut se produire terrorise davantage. J'aurais aimé savoir à l'avance que cela pouvait arriver. J'aurais aimé être prévenue. Ça n'aurait bien sûr rien changé à ce que je vis, mais au moins, j'aurais pu m'y préparer, j'aurais pu anticiper, j'aurais pu me projeter.

Je vous écris de la Savoie, dont je ne connaissais que le Mont-Blanc, les spécialités au fromage et les pistes de ski. Je vous écris de Chambéry et plus précisément de son centre hospitalier où je suis désormais exilée, avec la mort qui rôde autour de mon petit bébé.

J'aurais aimé avoir le courage de leur envoyer ce mail, mais je me contente d'une version lapidaire.

Mes amies chéries,

Désolée par avance de ce mail collectif, mais je n'ai pas la force d'écrire à chacune d'entre vous. Ce mercredi 28 décembre, avec trois mois d'avance, Garance a pointé le bout de son nez.

J'efface. Je recommence. J'ai besoin de leur raconter dans les moindres détails ce qui est arrivé et qu'elles sachent que nous avons toutes les deux failli y passer. En même temps, je ne veux pas trop les inquiéter. Rachel vient tout juste d'accoucher et j'ai lu à quel point la descente d'hormones fragilise une femme, je n'ai pas envie d'en rajouter avec mon histoire. Clara et Manon attendent un enfant, pas envie non plus de les angoisser davantage. Personne ne parle jamais de prématurité aux femmes enceintes, hors de question que je sois la première à briser cette chaîne du silence !

Alors je raconte, mais j'édulcore. Comme de nombreuses femmes avant moi, j'efface les souffrances, je tais la peur. Pas un mot sur l'hémorragie, l'accouchement sans péridurale, le médecin qui refuse à Pierre de monter dans l'ambulance et le service de réanimation. J'évite de parler du poids de Garance, de l'intubation et de la sonde gastrique. Je m'attarde sur le bonheur d'être devenue maman.

En post-scriptum, je leur demande de me partager des histoires de prématurés qui finissent bien, si par hasard elles en connaissent… « Cela ne fera que renforcer mon optimisme. »

Tout sonne tellement faux dans ce mail mais elles sont assez intelligentes, je le sais, pour lire entre les lignes.

4.

ANGOISSE

Chambre 135

au petit matin

Va-t-elle s'en sortir ? Cette question, que je me pose en boucle, m'arrache à mon sommeil. Oui ou non ? Je demande froidement au médecin de garde, sans obtenir la réponse que je souhaite. Ce sera « oui et non ».

– *Chaque jour qui passe est un jour de gagné. Nous ferons le point dans quarante-huit heures, dans sept jours puis dans quelques semaines.*

– *Mais j'ai lu sur Internet qu'elle aura des séquelles parce qu'elle pèse moins de 1,5 kg. Comment va-t-elle grandir en ne buvant que 3 millilitres de lait par prise ? Et sa peau presque jaune, ses yeux exorbités, ses organes génitaux sortis, ça va rester comme ça ? Et…*

Depuis l'adolescence, ma vie est planifiée. Je me lève, je me douche, je m'habille, j'étudie, je travaille, je déjeune, je dîne, je sors, je me couche. Il n'y a pas de place pour l'imprévu. Tout est régulier. C'est une routine plutôt agréable dans laquelle j'aime me glisser. Une vie uniquement faite de : « Et si on faisait ça, le week-end prochain ? », « Et si on partait là pour les prochaines vacances ? ». Depuis la naissance de Garance, je suis privée de perspective, condamnée à vivre heure par heure. Je me lève avec la crainte que je ne serai pas présente pour le coucher ; je vis avec cette terrible sensation d'avoir le goût de la mort partout en moi… Je ne souhaite à personne de vivre ça.

J'ai terriblement besoin d'être rassurée, d'entendre que ça va aller, mais personne, pas même ce médecin, ne peut me le jurer. Une hémorragie, une infection, une malformation, tout peut arriver. Il m'explique que le parcours d'un prématuré est en dents de scie : un jour ça va, un autre un peu moins. Il ne veut surtout pas me laisser d'espoir, aucun. L'incertitude, c'est le gouffre dans lequel je suis en train de plonger, en apnée et sans bouée pour m'empêcher de sombrer.

Je finis par trouver le sommeil mais me réveille en sursaut peu de temps après. Je cherche un responsable à mon malheur. Je me mets en quête du moindre signe avant-coureur qui aurait dû m'alerter et que je n'ai pas su analyser. Pourquoi, pourquoi, pourquoi ? Si seulement je m'étais un peu plus écoutée, au lieu de répéter à tout va que la grossesse n'est pas une maladie. Je comprends trop tard qu'être enceinte est incompatible avec le surmenage. J'aurais dû lever le pied et renoncer à ces soirées entre entrepreneurs où j'espérais dénicher un partenaire financier pour développer ma société. Comme d'habitude, je voulais tout : la gloire, la réussite, l'argent, l'amour et un enfant. Toujours plus !

Je m'en veux aussi d'être allée à la montagne, j'aurais mieux fait de rester tranquille chez moi à Paris. Cette petite chute sur une plaque de verglas est sûrement à l'origine de sa naissance précipitée. Ou est-ce la salade mangée avant-hier qui avait été mal lavée. Ou bien ce massage tellement relaxant que mon petit frère m'avait fait le jour de Noël, qui a sûrement tout déclenché. J'accuse aussi la pleine lune de mardi soir, qui n'est certainement pas innocente.

Mon téléphone sonne. Au bout du fil, mon amie de toujours, Agathe. Je n'arrive déjà plus à faire semblant :

– Est-ce qu'elle était si mal en moi au point de vouloir sortir si tôt ? Qu'est-ce que je lui ai fait ? J'aurais dû demander à mon gynéco de m'arrêter. J'aurais dû m'écouter. Je suis une merde, Agathe, une merde ! Pas foutue de mener une grossesse à terme !

– Mais tu n'avais aucun signe clinique inquiétant, tout se passait bien. De toute façon, il ne t'aurait pas arrêtée. Arrête de culpabiliser. Tu n'y es pour rien. Personne n'y est pour rien. C'est la faute à pas de chance.

Ça m'a fait tilt. La voici, la raison. Enfin, c'est plutôt la faute à trop de chance. Jusque-là, la vie m'avait gâtée. Je n'ai jamais véritablement souffert. Les choses finissent donc bien par s'équilibrer. Petite, j'étais certaine qu'une sorte de puissance divine répartissait le bonheur et le malheur entre les individus pour qu'il y ait un semblant de justice ; maintenant j'ai la preuve que ce monstre divin existe.

De la salle des infirmières, où la radio leur tient compagnie, j'entends une chanson du groupe pop-rock espagnol Mecano : « Tu auras ton homme, femme brune. Mais il faut me donner ton enfant, le premier dès qu'il te sera né. » Pour m'avoir trop donné, la vie va reprendre son dû. La vie est une chienne. Si je pouvais, je lui rendrais tout à la vie, mon enfance joyeuse, ma scolarité facile, mes parents aimants, mon premier CDI, mon entreprise et aussi mon mariage grandiose. Je lui rendrais vraiment tout, en échange de la survie de Garance.

J'attrape mon téléphone, quinze messages en absence : Pierre et mes parents me souhaitant une belle nuit et mes amis réagissant à la nouvelle. Leurs mots sont pesés, j'y lis de l'angoisse, de la surprise mais aussi de la peur. Certains se risquent à me féliciter. Qui a dit qu'une naissance devait être triste à pleurer ? « Bien joué pour les impôts », m'écrit le mari de Clara. J'imagine que c'est sa façon à lui de dédramatiser. Garance. Les impôts. J'ai beau chercher, impossible de comprendre là où il veut m'emmener.

Je commence à répondre à chacun d'entre eux. Une aide-soignante toque à ma porte et dépose le petit-déjeuner. Il est 7 h 30 et il fait toujours nuit noire dehors. Elle me rappelle que tôt le matin, je peux aller la voir. Je n'avale rien, pose mon téléphone et descends à la hâte, au sous-sol, en pyjama. Premier interphone : « Je suis la maman de Garance ! » Je dois sonner pour voir mon enfant… dans quel monde suis-je en train de sombrer ? Rebelote au second interphone. Font-ils répéter cette phrase pour que les mamans finissent par intégrer une bonne fois pour toutes que leur vie d'avant s'est évaporée ?

J'attrape un masque, une charlotte, une blouse, des surchaussures, je me lave les avant-bras et les mains, puis mets le gel hydroalcoolique et enfile les gants en latex. J'ouvre la dernière porte, celle de la réanimation. La couveuse en ligne de mire.

Tu dors paisiblement sur le ventre. Mais dans une heure, cet après-midi, demain, qu'en sera-t-il ?

Chambéry

jour de l'An

Il faut que je me change les idées. Je consulte rapidement les infos du jour et mes mails. Une vague connaissance m'invite à une soirée pour fêter la nouvelle année. Le mail suivant, c'est une newsletter du magazine *Elle* : « Comment être au top le dernier jour de l'année ? »

Le réveillon, c'est mon soir. J'aime me mettre sur mon trente et un, embrasser des inconnus et enchaîner les verres tout en dansant sur les vieux tubes des années 1980. Mais cette année, sans avoir bu une goutte d'alcool, j'ai déjà la gueule de bois. Je me sens barbouillée depuis ce matin du 28 décembre ; je ne comprends toujours pas ce qui m'est arrivé.

Ma belle-mère, débarquée en catastrophe de Russie, et mes parents nous invitent au restaurant. Avant de quitter la réa, je fais promettre à Stéphanie, la puéricultrice responsable de Garance pour la nuit, de veiller encore plus sur elle. C'est la première fois que je m'éloigne de l'hôpital. Sensation atroce de l'abandonner.

Dans ce restaurant, mon téléphone capte mal. Pire qu'une adolescente, je passe tout le dîner à faire des va-et-vient avec l'extérieur et à appeler mon répondeur pour vérifier que personne n'y a laissé de message.

– *Allez, juste une coupe de champagne pour fêter la naissance de la petite !*

Haut-le-cœur. Je trinque. Tout en espérant qu'à quelques mètres de là, un drame n'est pas en train de se jouer. À table, on échange des banalités pour ne pas évoquer le seul sujet qui nous préoccupe tous.

23 h 50. De retour dans la voiture, Philippe Bouvard commence le décompte puis souhaite une bonne année aux auditeurs de RTL. J'ai la nausée. Nous embrassons rapidement nos parents et courons comme des fous vers l'hôpital. Nous descendons les étages à toute vitesse, avec un mauvais pressentiment. Mais tu dors, à poings fermés.

– *Bonne année ma petite chérie.*

Jamais je n'ai autant espéré qu'un vœu se réalise.

****

Demain, c'est la rentrée. Un programme chargé, des rendez-vous à honorer, de la paperasse à trier, voilà ce qui attend mes parents à Paris. Mais avant de partir, ils réclament une faveur : voir leur petite-fille en chair et en os. Je ne sais pas si c'est parce que c'est le 1er janvier, mais le médecin de garde donne son accord.

À leur tour, ils descendent au sous-sol, portent charlotte, blouse, masque et surchaussures. Je leur sers de guide. Ils lavent minutieusement leurs mains et avant-bras et je les conduis à leur premier petit-enfant. Pour l'occasion, je prends mon appareil photo. Drôle de photo de famille !

En tout et pour tout, ils ne restent qu'une dizaine de minutes. Mon père, ingénieur de formation, s'extasie devant la sophistication des machines qui permettent à sa petite-fille de vivre. Je l'entends marmonner : « Jusqu'où ira la science ? », « Quel monde… Et si un jour les machines remplaçaient complètement le corps des femmes ? » Il se demande si on doit parler de progrès ou bien de mauvais film de science-fiction. Ma mère, qui a toujours eu en horreur les hôpitaux, est apaisée. « Il vaut mieux voir plutôt que de laisser son esprit imaginer le pire », me confie-t-elle en enlevant son masque dans les vestiaires.

Grands-parents, quel magnifique nouveau rôle ! J'espère pouvoir le leur offrir. Comme à son habitude, maman fait preuve d'un optimisme à toute épreuve et ça me fait un bien fou.

– *Nous avons réfléchi, ce sera Mamie et Grand-Père.*

J'ai une soudaine envie de me procurer une panoplie de gris-gris pour que Garance puisse un jour prononcer ces deux mots.

Réanimation néonatale

1er janvier

Je me refais la scène dix fois, cent fois, mille fois. Il n'y a aucune échappatoire, le dénouement est toujours le même. Mon premier enfant est une grande prématurée, ses chances de survie sont minimes. Je sais que verser des larmes ne changera rien, mais j'ai la sensation de me purifier à chaque pleur. Mon existence jusqu'ici me paraît si vaine. Je n'ai jamais tendu la main à qui que ce soit, j'ai toujours d'abord pensé à mes propres intérêts. Ironie de la vie : les autres me sont aujourd'hui indispensables pour m'en sortir. Et je n'ai plus qu'à espérer que le monde soit un peu moins égocentrique que je ne le suis.

Je lance des « Bonne année » à la pelle et aussi des « Meilleurs vœux » à tous les médecins et puéricultrices que je croise. Mes mots sont sincères. Ces hommes et ces femmes ne méritent que le meilleur. Comme toi, ma petite chérie.

Dans ma chambre, le repas vient d'être servi. Sur le papier qui détaille le menu de ce dimanche 1er janvier (Terrine de truite / Civet de sanglier / Gratin de crozets / Tarte à la myrtille, pas de doutes je suis bien en Savoie), l'aide-soignante a écrit à la main : « Bonne année Madame Héloïse. » Je réalise que je ne connais même pas son prénom et que je n'ai jamais fait attention aux traits de son visage. Je m'inflige quelques résolutions : enterrer cette froide indifférence, tisser du lien et s'ouvrir aux autres.

Pour cette nouvelle année, avec Pierre, nous n'avons, *a contrario*, aucun projet. C'est trop angoissant de se projeter, de commencer l'année à trois et entrevoir qu'on pourrait la finir à deux. Pour ne pas laisser la tristesse nous envahir, nous nous concentrons sur ce début de journée à trois. Tous les trois, ensemble. Le premier jour de l'année, le premier jour de notre nouvelle vie.

Garance a droit à une toilette de chaton. Nous savourons ce premier palier. Une infirmière nous explique un par un tous les gestes à réaliser, doucement et sans à-coups, pour ne pas l'effrayer, et les techniques pour ne pas salir la couveuse.

Car, bien entendu, il est impensable de la sortir de cette coque qui lui permet de vivre. Et puis, sa peau est tellement fine, si fragile, qu'un vrai bain pourrait y laisser des marques indélébiles.

Pierre se lance. Du sérum physiologique sur un coton pour lui nettoyer le coin des yeux, de l'intérieur vers l'extérieur. Une solution antiseptique pour désinfecter son nombril, où un morceau de cordon ombilical est encore accroché. Pierre change la minuscule couche de Garance et l'essuie avec un coton imbibé de liniment. L'infirmière lui précise :

– *Il faut que vous alliez des lèvres à l'anus. Il ne manquerait plus qu'elle attrape une mycose !*

Pierre s'exécute. Je suis sous le charme de ce duo père/fille qui prend vie et sature la mémoire de mon téléphone, à force de les prendre en photo. J'ai un peu de mal à l'avouer, mais je suis heureuse. Tellement inquiète aussi à l'idée que ce bonheur, qui jaillit par petites touches, ne s'en aille aussi vite qu'il est arrivé.

La toilette terminée, vient le moment de la pesée. Nous espérons tous – les médecins, les infirmières, nos parents – que tu aies pris un peu de poids. Ce serait le signe que tu es sur la bonne voie et que tu vas t'en sortir.

L'infirmière te pèse plusieurs fois d'affilée, et le même poids s'affiche toujours : 1,100 kg. Un tout petit kilo. Une image, telle une mauvaise madeleine de Proust, surgit alors. Je repense aux moments où mon père allait acheter un rôti de bœuf, tous les dimanches : « Un kilo environ, ce sera très bien », disait-il au boucher. Est-ce qu'un jour j'aurai la chance, moi aussi, de déjeuner en famille ou est-ce que Garance ne pèsera jamais plus lourd que le rôti des déjeuners de mon enfance ? Mes larmes reprennent. Un médecin passe à ce moment. Ses paroles se veulent rassurantes :

– *Prématurés ou pas, tous les enfants perdent du poids après la naissance. Le traitement contre la jaunisse l'assèche pas mal aussi. Il ne faut pas vous inquiéter.*

Garance a perdu 300 grammes en quatre jours. Si ça continue, à la fin de la semaine prochaine, elle ne pèsera plus rien. Le poids d'une poussière. Le poids d'un microbe.

– *Mais si, docteur, vous ne vous rendez pas compte, il y a vraiment de quoi s'inquiéter !*

J'enveloppe Pierre de toute ma souffrance. Lui a le regard lointain, presque vide ; que ressent-il ? Je n'en sais rien. J'aimerais qu'il crie son désespoir, qu'il pleure dans mes bras, qu'il craque à son tour. Seul son souffle qui se pose sur mon cou prouve qu'il est encore en vie. Je le serre fort comme si c'était la dernière fois que nous étions unis tous les trois.

Dans quelques heures, Pierre repartira pour Paris.

Gare SNCF

19 heures

Pierre vient de commencer un nouveau travail, il ne se sentait pas d'appeler ce patron qu'il connaît à peine et de lui expliquer que sa fille est née avec trois mois d'avance. On lui a toujours répété que vie privée et vie professionnelle ne font pas bon ménage, qu'il est important de savoir cloisonner surtout quand on a de l'ambition et qu'on veut faire carrière. Pierre est en période d'essai. Impossible pour lui de prendre des jours de congé et rien ne justifie un arrêt maladie ; sa fille est malade, pas lui. Seule concession qu'il espère obtenir de son nouvel employeur : du télétravail le vendredi de Chambéry. Il ne manquerait plus qu'il soit au chômage, il toucherait vraiment le fond.

Son train est annoncé avec trente minutes de retard, à cause de la neige sur la voie. Il a la boule au ventre. Il a l'impression de revenir des années en arrière quand le dimanche soir, après avoir passé le week-end en famille, son père le déposait en pension. À l'époque, il appréhendait le départ dès le déjeuner, prostré sur le canapé. En grandissant, il a appris à profiter jusqu'au dernier moment. Mais là, sur ce quai de gare, il a à nouveau douze ans. Déchirement, haut-le-cœur et envie de pleurer.

Avec moi, il a bien caché son jeu. Il m'a dit de ne pas m'inquiéter, et que cinq jours, ça passe très vite. Mais en réalité, il n'arrive pas à s'y faire. Ce n'est pas comme cela qu'il avait imaginé la naissance de son premier enfant. Il commençait tout juste à s'habituer à mon ventre arrondi. Il n'a pas eu le temps de se dire qu'il allait devenir père que Garance est née. C'est allé beaucoup trop vite. Et puis sa fille est si petite. Il a peur de la toucher, de la manipuler, de lui faire mal. Malgré tout, il a la conviction d'avoir un rôle à jouer ; les médecins l'ont beaucoup sollicité ces derniers jours pour les soins, mais aussi pour faire l'interface avec moi.

Si seulement il pouvait passer plus de temps ici, il finirait peut-être par apprivoiser son mini-bébé.

Chambre 135

3 janvier

Une douleur atroce me réveille. Ma poitrine a pris au moins deux bonnets pendant la nuit et mes seins sont durs comme de la pierre. J'appelle une infirmière.

– *Ce n'est rien, c'est la montée de lait.*

Prématuré ou pas, le corps suit sa logique. Le bébé est né, il faut le nourrir. La gynéco me laisse la journée pour me décider.

– *Soit vous tirez votre lait, soit on vous stoppe la montée avec des médicaments. À vous de choisir.*

Une sage-femme prend le relais et pose une machine sur mes seins. Il faudra le faire au moins cinq fois par jour au début. Bien plus que ce dont Garance a besoin. Le reste, ce sera poubelle.

– *Et peut-être que d'ici quelques semaines quand elle sera capable de téter, vous pourrez l'allaiter.*

Peut-être. Quelques semaines.

Garance n'est pas un bébé comme les autres. Elle inspire et expire grâce à un tube en plastique située dans sa trachée et reliée à un respirateur artificiel, qui lui apporte l'oxygène dont elle a besoin. Elle est sédatée, c'est le mot que les médecins emploient, mais la réalité est moins belle à entendre : Garance est shootée pour se laisser ventiler. Elle est nourrie par une sonde gastrique qui passe par son nez et descend le long de son œsophage. Tout à l'heure, j'ai entendu une infirmière demander à l'une de ses collègues de quand datait son dernier « gavage ». Voilà la réalité : mon bébé n'est pas nourri mais gavé comme les oies du Périgord. Il va falloir que je me fasse à ce jargon médical, que je trouve horriblement barbare. Car sa sonde, Garance va la garder un bon moment, son estomac étant trop immature pour digérer et son cerveau trop prématuré pour gérer une succion.

Je sais à quel point le lait maternel est essentiel. L'Organisation mondiale de la santé recommande l'allaitement maternel jusqu'aux deux ans de l'enfant. C'est d'autant plus important pour les prématurés car le lait maternel leur permet d'éviter nombre d'infections aiguës et affections pulmonaires chroniques. Pouvoir respirer seule, sans l'aide de machines, c'est tout l'enjeu des soins que reçoit Garance depuis qu'elle est née.

Je ne peux pas m'infliger ça en plus. Le peu d'énergie que j'ai, je l'utilise pour tenir bon dans les moments vraiment durs, comme avant-hier quand mes parents et Pierre sont rentrés à Paris ou comme hier lorsque Garance s'est fait poser un cathéter. C'était une lourde intervention, mais elle était indispensable. Si Garance venait à rejeter ce que les médecins lui donnent par la sonde gastrique, il faut qu'ils aient un autre moyen de la nourrir ou de lui administrer des médicaments. Alors, ils l'ont charcutée pendant plus de deux heures pour trouver une veine dans son bras de crevette. Je n'étais pas là pour assister à la séance de torture ; j'imaginais, seule dans ma chambre, des scènes atroces. Un coup de fil m'a sortie de ce film d'épouvante.

– *C'est bon, le cathéter a été posé. Vous pouvez descendre dans l'unité.*

J'ai retrouvé ma fille exténuée, le visage portant encore les stigmates de la lutte à laquelle elle venait, malgré elle, de participer.

– *Docteur, j'ai réfléchi. Je veux que vous arrêtiez la montée de lait. Je sais, je suis une mauvaise mère, une mère horrible. Je suis désolée, je ne peux pas. C'est trop pour moi !*

Je parle vite, très vite, pour que le médecin ne me coupe pas la parole et ne tente pas de me faire changer d'avis. Mais pour moi, il est hors de question de tirer mon lait toute seule dans cette chambre d'hôpital à 600 kilomètres de chez moi, dans l'espoir qu'un jour Garance ait envie de téter, avec cette machine barbare, sans jamais connaître la chaleur de mon bébé contre ma poitrine.

– *Ce soir avec votre repas, prenez ce médicament puis un autre demain matin au petit-déjeuner. Demain, vous devriez vous sentir déjà beaucoup mieux. Et pour Garance, ne vous inquiétez pas, elle sera nourrie avec du lait maternel, on se débrouille.*

Pour la première fois depuis quelques jours, quelqu'un prend en compte mes envies, sans me juger, sans me dire que ce sera compliqué, sans me faire culpabiliser. Pour la première fois depuis quelques jours, j'obtiens une réponse simple et positive à l'une de mes demandes. Une infirmière entre dans la chambre avec des poches de glace. Le froid sur mes seins engorgés me soulage instantanément.

Pour la première fois depuis quelques jours, j'esquisse, soulagée, un sourire.

5.

DÉTRESSE

Déjà six jours à Chambéry

« Félicitations, je t'embrasse. » Un petit mot doux accompagne ce magnifique bouquet de roses. Pas de « Ça va aller, on pense à toi, plein de courage, donne-nous des nouvelles, j'ai allumé un cierge et j'ai prié, je n'en dors plus la nuit… ». Et encore, mes amis ne sont pas tous dotés d'une telle empathie. Je n'en reviens toujours pas que Salomé ait pu me dire que j'ai de la chance d'avoir accouché car elle ne supporte plus d'être enceinte. Hallucinant qu'une cousine de Pierre m'ait balancé qu'au moins, mon sommeil n'est pas perturbé car ce sont les infirmières qui gèrent. Je n'ai pas trouvé la force de lui répondre que non, je ne dors pas bien la nuit et que je donnerais tout l'or du monde pour me faire réveiller par mon bébé plutôt que par des bouffées d'angoisse. J'envoie un texto à mon ami Bertrand : « Tu ne peux pas imaginer à quel point tes belles fleurs et tes mots bienveillants me font plaisir. Merci. » La fragrance envahit ma chambre d'hôpital, qui reste désespérément vide.

Mes copines m'avaient toutes raconté les défilés interminables de parents, beaux-parents, frères et sœurs, amis et collègues de travail, qui déboulent à la maternité pour rencontrer le bébé – sans se demander une seconde si la maman ne préfère pas se reposer –, les discussions à n'en plus finir au sujet de l'allaitement, du doudou, de la tétine, et les « On dirait son père tout craché… ah ! non, plutôt le cousin de Paul ». Il fallait tailler une bavette, les remercier pour les cadeaux, pour ces nounours tout juste achetés et s'extasier devant les bodies et les pyjamas taille 1 mois qui ne serviront jamais. Rachel, qui se remettait à peine de ce calvaire, ne mâchait pas ses mots.

– *Tu les fous tous dehors ! Les trois jours à l'hôpital, tu en as besoin pour te requinquer, pas pour faire salon.*

Pourtant, aujourd'hui, je ne rêve que de ça. Qu'on vienne me voir, qu'on me fasse la conversation, qu'on me couvre de cadeaux, qu'on caresse tes fossettes, qu'on s'extasie devant ton allure de poupon, qu'on te fasse des risettes, qu'on me dise que tu es un doux mélange de Pierre et de moi, qu'on se remémore la bouille que j'avais à ton âge. Mais cela fait six jours que j'ai accouché et rien. Ils se sont tous donné le mot et font comme si tu n'étais pas encore née.

Mon téléphone sonne : c'est Agathe. Elle a toujours le chic d'appeler au moment où je suis le plus en rogne.

– *Tu sais, ma chérie, on aimerait vous aider mais on se sent impuissants. On aimerait te réconforter, mais on a peur de dire des bêtises. Peur aussi d'envoyer un cadeau et que ça porte la poisse. Peur de demander une photo et ne pas trouver les mots en la regardant. Si tu savais le nombre de messages qu'on s'envoie entre nous, et à quel point on s'inquiète. On t'aime et cette petite, sans la connaître, on l'aime déjà aussi tellement !*

De toute façon, si Agathe demandait à rencontrer Garance, ce ne serait pas possible car seuls les parents peuvent franchir la porte de la réanimation. Je raccroche. Alors que depuis des jours, je ne trouvais pas la force de répondre aux messages de mes amis, j'ouvre mon ordinateur pour leur donner des nouvelles et les remercier aussi.

Elle a raison, la prématurité de Garance met tout le monde mal à l'aise.

Réanimation néonatale

sept jours en vie

Mercredi 4 janvier, 19 h 26

À : Groupe *mes meilleures amies*

Objet : En direct de Chambéry

Merci pour tous vos messages, ils me font beaucoup de bien. D'autant plus que Garance m'a fait une grosse frayeur. Elle a arrêté de respirer. Pour la réanimer, il a fallu cinq personnes. Les apnées respiratoires sont fréquentes chez les prématurés mais celle-là était vraiment impressionnante, sûrement due à son extrême fatigue après la pose du cathéter. Du coup, je vous laisse imaginer, ce n'est pas la joie à Chambéry alors qu'on m'avait promis mon premier peau à peau.

Je n'arrive pas à finir le mail.

Comme dans la Bible, le septième jour devait être récompense, après six premiers jours éprouvants. Mon dimanche tombait un mercredi, mais c'était tout comme. J'allais te tenir dans mes bras. J'allais poser mes lèvres sur ton visage. Sentir ton odeur. Bien sûr, ce serait avec des fils reliés à un écran de contrôle, avec un cathéter qui recouvre l'ensemble de ton avant-bras, avec un masque sur mes lèvres et sous le regard attentif d'une puéricultrice. Mais j'allais te tenir contre moi, un peu comme la maman kangourou qui tient au chaud dans sa poche son petit bébé. Pour la première fois depuis ta naissance, j'allais ressentir ce que vit normalement une mère. J'étais heureuse, j'allais enfin avoir un rôle à jouer. Tout ne dépend pas que des soignants. C'est ensemble que nous te sauverons. Je m'étais presque persuadée que l'amour et la tendresse étaient plus forts que les machines, les médicaments et les soins.

Ce peau à peau, comme ils l'appellent, fait partie du protocole. Cette pratique est née en 1978 en Colombie. Dans le service de néonatologie de la maternité de Bogota, les incubateurs manquaient.

Les soignants ont proposé aux parents d'installer leur nourrisson contre eux afin de les réchauffer. La température des tout-petits s'est alors stabilisée à 37 degrés. En répétant régulièrement ce peau à peau, le constat était sans appel : les bébés se développaient mieux et surtout sans aucun stress. La machine n'est pas toujours l'avenir de l'homme.

****

À 14 heures pétantes, j'étais dans le service, accoutrée comme à l'habitude. Cependant, quelque chose clochait, mais je ne savais dire quoi. L'atmosphère semblait plombée. Alors que je m'avançais vers ta couveuse, une infirmière m'a violemment barré la route :

– *Vous ne pouvez pas entrer. Allez dans le vestiaire, on arrive.*

J'ai à peine eu le temps de demander pourquoi que j'ai aperçu autour de toi deux pédiatres et trois puéricultrices. Ils avaient beau m'avoir prévenue que pour les prématurés, il n'y a pas de logique dans les traitements, que c'est au cas par cas, seconde par seconde, en fonction de l'état du bébé, j'avais du mal à comprendre ce qui était en train de se passer. Surtout que, depuis ta naissance, tu semblais être sur la bonne voie, en progression constante.

J'ai appelé Pierre cinq fois sur son portable, en vain. Dans ce vestiaire, je ne me suis jamais sentie si seule pendant que se jouait, j'en étais sûre, à quelques mètres de là, ta vie. Assise sur ce banc coincé entre des casiers, le regard perdu vers les consignes d'hygiène épinglées au mur, mon cœur faisait des bonds dans ma poitrine. Ma respiration de plus en plus saccadée me donnait l'impression d'étouffer. Mon corps était lourd, mes paupières sautaient, je commençais à voir trouble, comme si j'allais perdre connaissance. La porte du vestiaire s'est ouverte :

– *Nous avons dû la réanimer, mais elle est désormais hors de danger.*

– *Comment l'avez-vous réanimée ?*

– *Comme les plus grands, en lui faisant un massage cardiaque.*

– *Est-ce qu'elle aura des séquelles ?*

– Je ne pense pas, mais elle a besoin de se reposer. Désolé, mais vous ne pourrez pas faire votre peau à peau aujourd'hui.

14 h 10. Fin de la journée.

Mon téléphone a sonné. Ma mère : « Ça va ma chérie ? C'est bien aujourd'hui que tu vas faire ton premier peau à peau ? Tu m'appelles après pour me raconter ? Je t'aime ma fille. »

Ne pas pleurer, ne pas m'écrouler, ne pas l'inquiéter. Depuis que je suis petite, elle m'a assigné le rôle de l'enfant joyeux, souriant et qui, grâce à un optimisme hors du commun, arrive à décrisper la moindre tension. Je ne pouvais pas lui dire la vérité, de toute façon elle ne l'aurait pas comprise. Les hôpitaux, la maladie, cela n'a jamais été son truc. Le sang l'a toujours tétanisée, la vue d'une blouse blanche l'a fait fuir plus d'une fois. Petite, alors que je hurlais à cause d'un panaris surinfecté, c'est mon père qui m'avait amenée à l'hôpital. C'est lui qui retirait nos échardes, qui soignait nos petits bobos, qui nous prenait en charge. Papa poule, maman trouille. Je n'avais pas la force de l'entendre pleurer, et encore moins envie de la consoler. « Oui, plus que quelques minutes à attendre. Allez, je te laisse, je t'appelle plus tard. »

Affolé par mes nombreux messages, Pierre m'avait enfin rappelée. À lui, j'ai tout balancé, sans chercher à l'épargner. J'avais besoin de faire mal, aussi mal que ce que je ressentais. Je voulais qu'il comprenne à quel point je souffre pendant que lui travaille tranquillement à Paris. Alors, il en a pris pour son compte. Une litanie. Un monologue ininterrompu. La promesse de mon premier peau à peau, l'arrivée dans le service toute guillerette, la puéricultrice odieuse, les vestiaires si glauques, le médecin qui débarque, l'arrêt cardiaque, la réanimation. Il a pris chaque coup sans broncher. Avant de demander, tremblant : « Est-ce qu'elle s'en est sortie ? »

J'avais encore envie de lui crier ma haine, de lui dire que sa fille était morte. Je voulais qu'il comprenne que quand j'appelle, il devrait me répondre sur-le-champ. Que je me fous de savoir qu'il est avec son chef ou avec un client important. Qu'un jour sa fille ne sera plus et qu'il ne l'apprendra que quelques heures plus tard car il avait mieux à faire que de décrocher son téléphone. Que c'est trop, que je ne veux plus vivre ainsi, que je n'ai pas assez de forces pour affronter cela seule, que je veux qu'il prenne le premier train tout de suite.

– *Hélo, je t'aime*.

Je lui en foutrais des « Je t'aime » ! Cette manie d'utiliser cette phrase pour mettre fin à nos conversations m'horripile. Qu'il me semble loin le moment où il m'a dit « Je t'aime » pour la première fois, avec tant de passion et de spontanéité. C'était deux mois après notre rencontre. Nous étions à Londres et alors qu'on faisait la queue pour le London Eye, il avait laissé s'échapper un : « I love you, enfin, je t'aime. » J'avais souri, sans murmurer le très attendu « moi aussi ». Pas parce que je n'étais pas sûre de mes sentiments, mais parce que je n'étais pas encore prête à les avouer. Le mien était arrivé quelques semaines plus tard, après une visite à l'hôpital à ma grand-mère adorée. Pierre m'attendait dans le froid, son casque de moto à la main, une cigarette dans l'autre. Les bras grands ouverts, il m'avait enveloppée de toute sa tendresse. Mes lèvres, pleines de chagrin, avaient susurré « Je t'aime ». Il m'avait serrée encore plus fort comme s'il voulait que, sur ce trottoir parisien, nos corps ne fassent plus qu'un.

Aujourd'hui, plutôt que son « Je t'aime » sans saveur, c'est cette étreinte dont j'aurais tellement besoin.

Chambre 135

une semaine entre ses murs

Plus je m'attache, plus ce sera compliqué. Une aide-soignante me sert un goûter : un sachet de thé sans saveur avec de l'eau tiède, et une madeleine pleine de beurre dans un emballage plastique. Je me retiens de régurgiter mon déjeuner et pourtant j'aimerais vomir les pensées atroces qui me traversent. Je n'ai pas envie de jouer à la loterie et espérer chaque jour que Garance ait tiré un bon numéro. Elle n'aurait pas dû être encore sur terre… Peut-être vaudrait-il mieux que tout s'arrête aujourd'hui et qu'elle meure une bonne fois pour toutes. Au fond, je ne la connais que depuis quelques jours. Si elle décède aujourd'hui, ce sera dur au début, puis avec le temps je m'habituerai. Je deviendrai une « mamange », la maman d'un ange, ce si joli nom qu'on donne aux mères qui perdent un enfant *in utero* ou tout juste né.

Je découvre sur Internet que 40 % des prématurés souffrent d'un handicap. Certains légers, comme de la dyslexie ou une mauvaise vue, d'autres plus graves comme de l'asthme sévère ou un retard mental. Je poursuis ma lecture. Un médecin explique que les séquelles ne sont définitivement connues que lorsque l'enfant rentrera en CP, donc vers ses six ans. Six ans avant de savoir si Garance sera handicapée ou pas. Six ans à m'angoisser, à me demander si c'est normal qu'elle ne marche pas encore, ne parle pas convenablement, ne soit pas propre du haut de ses trois ans. Six ans à observer si elle tient son feutre de la bonne façon, si elle interagit suffisamment avec les autres, si elle entend et voit suffisamment bien. Putain, six ans !

Au fond de moi, je le sais, je ne veux pas d'un enfant handicapé. Je n'ai aucune envie de liquider mon entreprise ni de déménager dans une résidence adaptée pour m'occuper d'un enfant dont ni la crèche ni l'école ne voudront. Je n'ai pas le courage d'affronter toute ma vie des regards apitoyés. Je ne veux pas ressasser son histoire *ad vitam aeternam* comme pour justifier son fauteuil roulant et sa bouche baveuse. J'ai beau me voiler la face, Garance en prend le chemin. Elle ne ressemble en rien à un poupon, elle est difforme ; une tête énorme sur un corps tout maigrichon, la peau du front toute plissée comme un vieillard, des cernes tellement gros qu'on dirait qu'on y a injecté de l'eau, la peau presque jaune, des côtes saillantes, une langue toujours sortie.

Il suffirait que je tire par inadvertance sur un des fils qui lui permettent de respirer pour que le cauchemar cesse. Je plaiderais l'accident. J'essaye de chasser mes pensées meurtrières. Après tout, j'ai tellement envie d'être mère, mais la mère d'un autre enfant né à terme, en bonne santé et avec des joues à bisouter.

Jamais Pierre ne pourrait imaginer que je rêve d'infanticide, lui qui est si respectueux envers la vie. Enfant handicapé ou pas, il l'accueillera et avec beaucoup d'amour. Je me hais d'en être incapable. Je me déteste de devenir si froide et cruelle. Je m'en veux aussi d'être si naïve : non, ce n'est pas en éliminant le malheur qu'on retrouve le chemin du bonheur.

Je finis par m'endormir grâce à un somnifère administré « de force » par ma tante, venue passer quelques jours à mes côtés. Peut-être qu'elle a deviné que j'avais des idées noires. Elle a trois enfants et elle sait que les mères peuvent péter les plombs quand la vie devient trop dure.

Mais surtout, en tant que médecin, elle a appris à détecter quand ses patients jouent aux apprentis funambules.

Réanimation néonatale

huit jours

L'amour rend vulnérable, on ne m'y prendra plus. Ce matin, j'ai du mal à sortir de mon lit. J'appelle le service, quatre étages plus bas.

– *Garance a dormi d'une traite depuis hier après-midi et ne s'est pas réveillée pendant les gavages.*

Je finis par me doucher et m'habiller avec ce pantalon un peu lâche qui ne me serre pas au niveau du ventre, encore très proéminent comme si je n'avais pas encore accouché. Les journées à l'hôpital se ressemblent. Il n'y a ni semaine, ni week-end, ni jour férié. Chaque jour n'est rien d'autre qu'un jour de plus. Huit jours, c'est déjà une grande victoire, c'est ce que je me répète, sans en être totalement convaincue, devant le miroir de l'ascenseur.

À peine ai-je mis un pied dans le service qu'un médecin exige que je fasse un peau à peau :

– *Après ce qu'elle a vécu hier, nous sommes convaincus que ça va l'aider à se stabiliser.*

Pourquoi ne demande-t-il pas à une infirmière de s'en charger ? Hier, Stéphanie a câliné Léo, le petit voisin de Garance, pendant plus d'une heure. Elle sait faire et sûrement mieux que moi. Mais le médecin insiste. J'accepte sans ciller. Je vais faire ce peau à peau parce qu'il me le demande et non parce que j'en ai envie. Hier, j'ai fermé mon cœur à double tour. Une porte blindée. Hors de question que je m'attache à nouveau, terminé les notes d'espoir et les rêves de retour à la maison. Garance ne devrait pas être née, sa survie est entre les mains du personnel médical, et cette fois j'ai bien intégré mon rôle : à peine celui d'une figurante.

Une puéricultrice va chercher un fauteuil qui s'incline, cale mon dos avec des coussins, m'apporte un repose-pied pour que je puisse allonger mes jambes, me demande plusieurs fois si je suis bien installée. Puis elle sort Garance délicatement de la couveuse, la pose contre ma poitrine dénudée, réarrange tous les fils et vérifie que tout est bien relié au moniteur. Elle nous recouvre toutes les deux d'un plaid très doux. Puis elle ramène mes bras autour de toi, sans s'étonner que je ne le fasse pas naturellement. Et dire qu'il y a quelques jours, cela me révoltait d'être dépendante des infirmières pour te toucher ; aujourd'hui, c'est l'une d'elles qui m'encourage, avec beaucoup de tact, à être un peu moins passive.

Je te regarde à peine, je me perds dans mes pensées. J'oublie un instant ce ventre vide et m'imagine encore enceinte, avec ce si beau bidon que j'arborais avec fierté. Je revois cette dame me touchant dans le bus, sans me demander l'autorisation : « Vous êtes tellement belle et puis chez moi ça porte bonheur. » Je l'avais trouvée un peu fofolle mais je n'étais pas mécontente de ce pouvoir presque magique dont je disposais. J'en profitais pour ne pas faire la queue dans les grands magasins à quelques jours de Noël ou pour me trouver une place assise dans les transports parisiens bondés. Malgré les quelques nausées du début et la difficulté à trouver une position confortable pour m'endormir, j'avais vraiment adoré être enceinte.

Tu respires paisiblement, je n'ai pas besoin de regarder l'écran de contrôle pour le deviner. Lovée contre moi, ta joue rosit. Quelques gouttes de sueur perlent entre mes seins. Je les essuie et mes yeux se retrouvent nez à nez avec ta minuscule tête et tes quelques cheveux épars. Ton crâne ne fait même pas la taille de mon poing. Mes larmes se mêlent à ta sueur. Ton petit visage est trempé. Mes lèvres cachées derrière un masque se risquent, un peu hésitantes, à t'embrasser, délicatement sur le front et les joues.

Mon nez se délecte de ce nouveau parfum, une odeur encore inconnue à laquelle je pourrais très vite devenir accro. Ma main caresse de haut en bas ton dos si petit que ma paume le recouvre entièrement. Mes sens sont en éveil. Je me sens très proche de ces femelles hamsters qui dévorent leurs bébés. Mon corps veut, mon cerveau résiste.

Pas un mot tendre ne sort de ma bouche, pas de berceuse, pas de petits surnoms affectueux. Mon esprit veille, déterminé à ne pas se laisser envoûter.

Centre hospitalier de Chambéry

neuf longs jours

Pierre est à nouveau à mes côtés. Quelle joie de descendre à deux dans l'unité ! Je m'amuse à répondre à l'interphone :

– *La maman et le papa de Garance.*

Pour Pierre, c'est un jour très particulier : il va enfin pouvoir tenir sa fille contre lui. Il me pose cent questions sur mon premier peau à peau sans se rendre compte de la distance que j'ai volontairement instaurée entre Garance et moi. Dans les vestiaires, il fait encore plus attention que d'habitude au lavage de mains et réajuste trois fois sa charlotte.

Ces cinq derniers jours, il n'a vu sa fille qu'en photo ou *via* de courtes vidéos qui ne donnent pas grand-chose à voir à cause du plexiglas de la couveuse qui se reflète dans l'écran du téléphone. Il la trouve changée, avec une peau plus douce et moins humide, des traits plus harmonieux, des yeux un peu moins exorbités. Il a tellement hâte que l'alimentation se termine pour commencer le cérémonial dont je lui ai parlé.

Douche froide. Un bébé qui vient de naître arrive dans le service car il est en insuffisance respiratoire. Les médecins demandent aux parents présents de bien vouloir quitter les lieux, le temps qu'ils le médicalisent. C'est le protocole, impossible de négocier. En sortant du vestiaire, je croise les ambulanciers qui avaient transporté Garance jusqu'à Chambéry. Au bout du couloir, je vois la mère de ce nouveau-né. Elle est en état de choc et vient d'être prise en charge par un médecin. J'ai l'impression de me repasser le film de la semaine dernière. Je pleure. Pierre aussi. Son peau à peau n'aura pas lieu.

****

Le week-end tire à sa fin. Pierre repart pour Paris après avoir eu son moment avec sa fille. Un vrai corps-à-corps de deux heures. Il s'est endormi plusieurs fois, bercé par la respiration de Garance.

Là, sur ce quai de gare, il aimerait exprimer sa joie, crier à tous ces inconnus combien c'était bon de la tenir dans les bras. À quel point c'est fantastique d'être papa. Il ferme les yeux pour mieux se remémorer chaque instant. Il a l'impression de la serrer encore contre lui, ressent le rythme de son cœur, la douceur de sa peau et son odeur si particulière. Comme un amoureux après une première nuit d'amour, il se dit que demain il ne prendra pas de douche pour la garder un peu plus longtemps auprès de lui.

Mais Pierre fait tout pour ne pas penser au lendemain. Il a le lundi matin en horreur. Ses collègues, qui sous prétexte de prendre des nouvelles, tombent parfois dans du voyeurisme un peu sordide. Comme ces gens qui ralentissent sur l'autoroute pour regarder les voitures accidentées et les blessés qu'on évacue sur le bas-côté. Généralement, Pierre leur répond poliment, sans rentrer dans les détails, puis s'efforce de ne pas trop penser à ce service de réanimation, à Garance et à son épouse, auprès de qui il aimerait tant être.

Les meetings, les présentations à préparer, les points quotidiens avec son manager, les déjeuners sur le pouce avec ses collègues rythment sa journée. Le soir, le chien à sortir, les papiers administratifs à remplir, les playlists à composer pour égayer mon quotidien. Pierre ne s'accorde aucune seconde de répit. Être dans l'action lui permet de ne pas laisser les émotions le submerger.

Tous les soirs, avant de s'endormir, il m'appelle et me répète inlassablement que Garance est entre de bonnes mains et que tout ira bien. Mais au fond, il doute. La vie de sa fille ne tient vraiment qu'à un fil. Comme quand mardi dernier, les médecins l'ont réanimée. Il n'était pas présent. Et ce vendredi, il n'a pas réussi à cacher sa déception quand il n'a pas pu faire son premier peau à peau.

L'idée que je quitte l'hôpital ne le rassure pas du tout. Et s'il arrivait quelque chose ?

6.

ESPOIR

La maison de parents

9 janvier 2012

Cela fait douze jours que j'habite à l'hôpital. À force de les sillonner, je connais par cœur les couloirs, je sais où se trouvent les fontaines à eau quand celles du rez-de-chaussée sont vides et lorsque je croise le personnel, je connais leur nom et leur prénom, je sais exactement quelles sont leurs fonctions, leurs jours de congé, ainsi que leurs nuits de garde... bref, je suis parfaitement incollable.

Pourtant, je dois quitter cet endroit où j'ai réussi, contre toute attente, à me fabriquer une routine. Douze jours, c'est la durée maximum autorisée par la Sécurité sociale pour un accompagnant sans pathologie. Mes derniers examens étant tous bons, les médecins ne peuvent me laisser occuper plus longtemps une chambre, dont ils vont avoir rapidement besoin. Bien sûr, je me réjouis de retrouver une certaine liberté : aller dehors sans quémander un bon de sortie, roupiller un peu plus tard le matin et manger à l'heure que je veux et autre chose que des dés de betterave et du céleri râpé.

Avant de partir, je fais un dernier saut en réa. Rien à signaler, Morphée veille sur Garance. Ta moue est tellement attendrissante que je te prends en photo. Le flash te réveille. Tu es à croquer avec tes yeux bien ouverts, ta bouche si détendue qu'on pourrait y voir une esquisse de sourire et ta main agrippant, sans en avoir conscience, ce doudou chien que je viens tout juste de glisser à l'intérieur de ta couveuse. Alors que j'envoie cette photo à mes amies avec le message « À bouffer », une cadre de santé me fait lâcher mon téléphone :

– *C'est un grand appartement, où chaque parent partage cuisine et salle de bains avec les autres colocataires mais a sa propre chambre qui ferme à clef.*

L'hôpital met à disposition, et pour un tarif dérisoire, un appartement pour les parents d'enfants hospitalisés. Il se trouve à cinq minutes à pied d'ici et une chambre m'est réservée. Je file sans plus attendre dans ma nouvelle maison.

Une femme – sûrement une autre maman – m'y souhaite la bienvenue et m'offre un café. Elle me demande pourquoi je suis ici. Je lui raconte alors mon histoire, entre flots de larmes et mouchoirs trempés.

– *Dans votre malheur, vous avez de la chance, au moins vous n'avez pas pris trop de poids ! Moi, au dernier trimestre, j'ai pris dix kilos et cinq ans plus tard, je ne les ai toujours pas perdus. Ça aurait été pas mal que j'accouche d'un préma finalement.*

Je serre les dents. Des kilos, j'en aurais bien pris dix, quinze, vingt pour éviter la réanimation et tout ce qui va avec. Moi aussi, j'aurais bien voulu me plaindre de ne plus réussir à lacer seule mes chaussures, à regarder avec effroi mes mollets d'éléphant ou à jouer à poser un verre sur mon gros ventre.

Un homme entre et se fait couler un café. J'imagine que lui aussi a un enfant hospitalisé. Il interrompt, sans aucune gêne, notre conversation :

– *Mais si elle décède, vous arriverez à le surmonter ; vous n'avez pas de souvenirs avec elle, vous êtes jeune, vous pourrez avoir d'autres enfants. Mon fils unique de vingt et un ans est entre la vie et la mort. Il a eu un accident de ski, un surfeur lui est rentré dedans. Le choc a été tellement violent qu'il a été immédiatement placé en coma artificiel.*

C'est trop. Je ne veux pas passer mes soirées avec d'autres parents qui chialent et comparent sur une échelle de Richter revisitée le niveau des souffrances de chacun. Je n'ai absolument aucune envie de jouer avec eux au jeu morbide de celui qui en bave le plus. Je n'habiterai pas ici. Cette maison de parents est trop glauque.

Je me replonge dans mes messages reçus. J'en ai dix nouveaux. « Je n'avais pas imaginé un instant qu'elle avait autant de tuyaux, courage à vous », « J'espère qu'elle ne souffre pas trop, la pauvre ». Dans ce florilège de réactions inquiètes à la vue de la photo de Garance, mes yeux se mouillent à la lecture de deux autres messages.

– *Je suis soufflée par le regard de votre puce. Elle paraît déterminée, avec une force… c'est bien votre fille, aucun doute possible. Je vous embrasse. Clara*

– *Un peu difficile pour l'instant de dire à qui elle ressemble ! Mais pour le regard volontaire, elle a l'air de respecter la loi génétique du 50/50 ! Gros baisers ma chérie. Agathe*

Moi qui suis si passive depuis sa naissance, ces piqûres de rappel tombent à pic. Parfois, quelques mots suffisent à consoler. Oui, avec Pierre, nous avons du caractère, nous sommes solides, nous sommes déterminés et Garance a hérité de notre force. Cela ne peut donc qu'aller. Quoi qu'en pensent ces deux parents qui me font face.

Ma mère m'invite à la rejoindre à l'hôtel pour les trois nuits à venir et me promet de trouver un endroit moins pesant pour habiter. Je lui fais confiance, dénicher des appartements, cela a toujours été son truc. Pas une journée ne démarre sans qu'elle ne s'enfile les petites annonces immobilières. Elle pense alors à telle amie qui recherche un pied-à-terre dans cette région, à telle autre qui rêve de déménager mais qui ne trouve jamais chaussure à son pied ou à celui qui n'est pas si mal dans son appartement mais qu'elle va faire rêver avec sa trouvaille du jour.

J'en suis sûre, bien qu'elle n'ait jamais mis les pieds à Chambéry auparavant, elle va me dénicher un petit nid douillet.

Résidence étudiante

12 janvier 2012

– *C'est une résidence étudiante, en plein centre-ville. Le studio doit faire vingt mètres carrés, avec une kitchenette et une baignoire pour se détendre après sa journée à l'hôpital. C'est pas le grand luxe, mais ça devrait faire l'affaire.*

Ma mère rassure au téléphone celle de Pierre. Comme je ne suis plus sous surveillance à l'hôpital, elles mettent en place une organisation quasi militaire. Les semaines paires, c'est ma mère qui ira à Chambéry ; les semaines impaires, c'est celle de Pierre. Elles n'ont plus que ça en tête : soutenir mais prévenir aussi la moindre bêtise. Pas la peine de rajouter du malheur au malheur.

Depuis la naissance de Garance, les deux belles-mères se parlent tous les jours et même plusieurs fois par jour. Elles ressemblent à des éléphants dans un magasin de porcelaine, elles ont tellement peur de tomber à côté, de ne pas être là quand leurs petits en ont réellement besoin, d'en faire trop ou pas assez. L'une se raccroche à la chance dont la vie l'aurait dotée, l'autre prie plus que d'habitude. Aucune ne juge, tout est bon à prendre.

Et dire que la première fois qu'elles s'étaient rencontrées lors d'un déjeuner organisé par leurs enfants, elles s'étaient jaugées en faisant secrètement la liste de toutes leurs différences. Un monde semblait les séparer. On dit que les filles finissent par ressembler à leurs mères, alors celle de Pierre avait examiné la mienne sous toutes les coutures pour savoir à quoi ressemblerait sa bru quelques années plus tard. De son côté, ma mère avait observé comment Pierre s'adressait à sa propre mère et avait été rassurée de le voir prévenant, doux et attentionné. Les présentations faites, elles avaient eu à cœur que tout se passe bien entre nos deux familles. Un coup de fil pour se souhaiter la bonne année, une invitation à déjeuner deux fois par an et quelques textos bienveillants au long cours.

C'est la naissance de leur première petite-fille qui les a rapprochées. La joie et les risettes en moins. Aucune n'a pris l'ascendant sur l'autre ; ensemble, elles font bloc. Elles se partagent les toutes dernières infos, se demandent si nous allons tenir le coup, s'inquiètent pour Pierre qui fait le dos rond. Elles pleurent aussi, sans retenue. Ensemble, elles parlent vrai, se disent que tout cela risque de mal finir, imaginent tous les scénarios et même les pires.

Elles savent que leurs enfants ne sont pas armés pour supporter la mort de leur premier bébé. Qui l'est de toute façon ?

Réanimation néonatale

quinze jours de vie

Mon studio se trouve à dix minutes à pied de l'hôpital. Je presse le pas, ébahie de voir qu'il n'y a pas qu'un centre hospitalier à Chambéry. À ma droite, une fontaine majestueuse composée de quatre éléphants, placés de manière à former une croix. En face, un château médiéval ayant appartenu aux Ducs de Savoie, si j'en crois ce qui est écrit sur la pancarte. Un peu plus loin, une rue piétonne très commerçante et des gens qui vont et viennent. Je regarde avec envie cette femme flâner de boutique en boutique à la recherche de *la* bonne affaire et cet homme, un peu plus loin, qui croque dans une baguette encore chaude à la sortie de la boulangerie. Moi aussi, j'aimerais pouvoir attraper tous ces petits bonheurs du quotidien et ne plus me laisser entraîner dans cette spirale sans fin. Après mes errances, j'arrive à l'hôpital.

Cécile a la délicatesse de m'avoir attendue pour la toilette et surtout pour la pesée quotidienne. Avec cette puéricultrice chevronnée, le courant est tout de suite passé. Elle a su trouver les bons mots pour me rassurer et laisse souvent ses habits d'infirmière au vestiaire quand il s'agit de me consoler. Elle me raconte parfois ses coups durs et ses grandes joies. Comme cette fois où elle a eu besoin d'aller parler à un bébé dès son arrivée, de poser ses mains sur son corps frêle, de lui donner un peu d'amour avant qu'une collègue ne lui apprenne qu'il était né sous X et qu'une fois sorti de l'hôpital, c'est la pouponnière qui l'attendait. Quelle destinée… Ou encore, quand deux semaines à peine avant l'arrivée de Garance, un bébé à laquelle elle s'était profondément attachée les a quittés sans bruit une après-midi. Elle s'est refait le film une centaine de fois. Est-ce qu'elle a bien remis les capteurs ? Est-ce que la machine a sonné correctement ? Est-ce qu'elle a commis une faute ? Est-ce que les poches de lait qu'elle lui administrait *via* la sonde gastrique étaient empoisonnées ? Est-ce que… ? Elle n'a trouvé aucune réponse, à part celle froide et presque glaçante qu'un médecin lui a donnée :

« les risques du métier ». Cécile était encore très émue en évoquant ce petit Joris ; j'ai alors compris que Garance a pris sa place dans cette couveuse. Mais que cela est loin de lui porter la poisse, car Cécile s'est promis que ce bébé-là s'en sortirait. Coûte que coûte.

1,600 kg.

Je n'en crois pas mes yeux, cela doit être une erreur… Cécile pèse à nouveau Garance. Incroyable ! Tu as pris plus de 100 grammes en quarante-huit heures ! À croire qu'ils mettent du reblochon dans ta sonde. Les bonnes nouvelles s'enchaînent : aucune anomalie sur l'électro-encéphalogramme, ton cerveau fonctionne normalement malgré ta naissance prématurée. Le risque de handicap est quasi nul. La preuve en est que tu commences à communiquer. À ta façon. Tu bouges comme une limace et tu es devenue une adepte du petit pont pour faire comprendre aux puéricultrices que telle position ne te convient pas. Tu tires la langue et fais du bruit avec tes lèvres, comme pour faire savoir que la faim te taraude. Cécile tente de te nourrir pour la première fois naturellement. À l'aide d'une seringue, elle distille dans ta bouche du lait, millilitre par millilitre. Alors que tu ouvres grand les yeux, surprise par cette goutte tiède qui se pose sur ta langue, je m'enquiers du nom du fabricant de ce lait en poudre.

– *Ah non, ce n'est pas du lait industriel mais du lait maternel qui vient du lactarium.*

Une fois encore, mon ignorance est totale. Je découvre que comme pour le sang, on peut donner son lait. Lait qui sera ensuite analysé puis pasteurisé dans un centre de collecte – le lactarium – et enfin acheté par les hôpitaux pour nourrir les prématurés. J'aimerais savoir qui se cachent derrière ces donneuses anonymes. Je me demande comment elles trouvent la force et l'énergie de se plier à un protocole incroyablement exigeant, malgré leur fatigue, les hormones et les pleurs de leur nouveau-né. Cécile m'apprend que ces nourrices modernes s'engagent à se laver les seins avant chaque prélèvement, à transvaser le lait recueilli dans des biberons stériles, les refroidir, les placer au réfrigérateur à plus de quatre degrés, puis les stocker au congélateur à moins de 18 °C. J'aimerais leur envoyer une carte, du chocolat, des fleurs. J'aimerais tout simplement les remercier de nourrir ma fille.

Jamais le mot « sororité » ne m'a semblé si proche du mot « solidarité ». Entre les puéricultrices qui te soignent, ces inconnues qui te nourrissent, mes grands-mères et arrière-grands-mères qui veillent de là-haut, tu es, ma fille, le dernier maillon de cette belle chaîne féminine. Je suis heureuse de partager mon rôle de maman avec toutes ces femmes incroyablement bienveillantes. Je leur dédie les traits sur ton visage qui se dessinent, tes joues qui commencent à se remplir, la jolie couleur rosée que prend ton teint et les petits plis qui apparaissent sur le haut de tes cuisses.

1,600 kg. Ce chiffre sur la balance, c'est à toutes ces femmes que je le dois.

Chambéry

un week-end de plus ici

Comme un prisonnier, Pierre compte les jours. Le temps semble s'étirer à l'infini. Il devrait se réjouir, mais n'y arrive pas. Pourtant, Garance ne porte plus son imposant masque respiratoire mais de simples lunettes à oxygène, bien moins gênantes. Elle est de plus en plus éveillée et surtout elle prend du poids, beaucoup de poids. Encore plus de cinquante grammes en vingt-quatre heures. Elle grandit aussi : quasiment 3 centimètres en plus de deux semaines. Ce sont des progrès imperceptibles pour un enfant né à terme mais pour un prématuré, ce sont de grandes victoires. L'ordinaire a la saveur de l'extraordinaire dans un service de réanimation.

Et bizarrement, plus l'état de santé de Garance s'améliore, plus Pierre va mal. Il sait qu'en quelques heures, la situation peut dégénérer. Il imagine un malaise cardiaque, de violentes désaturations et des bradycardies. En quelques minutes, comme le petit Joris qui était avant elle dans cette couveuse, Garance peut mourir. Tant qu'elle est dans ce service, son pronostic vital est engagé. Pierre ne trouve aucune raison de se réjouir, il craque de toutes parts, mais personne ne s'en rend compte. Des appels et des messages, il en reçoit à la pelle, mais jamais on ne lui demande comment il va, ni s'il tient le coup. Un homme, c'est fort. Un homme, ça ne pleure pas. Les stéréotypes ont la vie dure…

Pierre a beau rassurer tout le monde à longueur de journée, en réalité il a de moins en moins d'informations. Je lui donne des nouvelles au compte-gouttes, comme si ma routine ne méritait plus d'être racontée. Un rythme du cœur qui s'accélère, une sensation, un peau à peau, un mot bienveillant de la part d'une puéricultrice sont autant de moments que Pierre aimerait entendre jusqu'à la lie. Être avec nous, c'est tout ce qu'il souhaite – même si ce n'est que par téléphone. Mais chaque jour, il le sent, nous nous éloignons un peu plus. Les conversations sont de plus en plus courtes et quand je l'appelle, je n'ai qu'une seule obsession : lui faire payer ses départs pour Paris.

Il n'y a pas que notre fille qui est entre la vie et la mort, notre couple l'est aussi. L'angoisse abîme.

****

Pour le meilleur et pour le pire. Banale expression à laquelle on ne prête pas attention pendant le sacrement et qui prend tout son sens aujourd'hui. Notre couple est en train de basculer vers le pire. On ressemble de plus en plus à des pantins dont se jouerait un marionnettiste. Difficile d'échapper à notre destin. Certains jours, quand Pierre me dit qu'il m'aime, j'imagine que notre amour sera renforcé par cette épreuve. D'autres fois, lorsque je me sens seule, qu'il ne répond pas au téléphone, je doute que nous ayons un avenir. Est-ce que notre couple résistera si Garance ne survit pas ? Est-ce que nous aurons toujours envie d'être ensemble, de devenir à nouveau parents, de reprendre le risque de mettre au monde un enfant prématuré ? Toutes ces questions s'entrechoquent du lundi au jeudi, quand je suis sans lui. Je ne suis pas faite pour les relations à temps partiel.

Jeudi soir arrive enfin. Sur le quai, Pierre se montre d'humeur très joviale. Alors qu'il est sous la douche, j'intercepte un texto d'Agathe : « À demain, on t'embrasse. » J'ai vite compris. Demain soir, mes meilleurs amis seront tous à Chambéry ! Agathe et Élodie viennent spécialement de Paris, Hugo de Lyon, Bertrand de Lausanne et Sandrine d'Avoriaz où je passais mes vacances il y a seulement quinze jours. Pierre a réservé un restaurant savoyard pour mettre tout le monde dans l'ambiance.

Cette soirée tous ensemble à se régaler d'une fondue, boire du vin blanc et rigoler me fait du bien. La petite bande me charrie :

– *T'as toujours eu besoin d'aller plus vite que les autres. Ce goût pour la compétition, t'aurais pu le mettre de côté, pour une fois !*

Merci Pierre. Merci d'avoir compris que seul tu n'arriverais pas à me remonter le moral. Merci d'avoir organisé cette soirée pour moi. Alors que je suis sur le point de m'endormir, Pierre me caresse. Cela faisait des mois que je repoussais ses avances. Il s'en accommodait ; après tout, je portais la vie. Une sorte de pacte était scellé. Ce soir, j'y mets fin et lui rends avec un plaisir non dissimulé ses langoureuses étreintes.

Le lendemain matin, j'ouvre difficilement les yeux. Machinalement, j'attrape mon téléphone. 11 h 20. Dix heures d'affilée de sommeil, cela ne m'était pas arrivé depuis mon accouchement. Je m'agite, Pierre se réveille. Soudain, c'est la panique. Et s'il était arrivé quelque chose à Garance ? Nous appelons l'hôpital la voix encore pâteuse en s'excusant piteusement comme des adolescents qui auraient séché les cours, pour cause de panne de réveil. On ne fait pas les fiers, mais Cécile nous répond avec une pointe de malice :

– *Ici tout va bien. Garance ne vous a pas réclamés !*

Pour la première fois, nous n'avons pas besoin de nous précipiter. Nous prenons le temps de déjeuner dans un charmant restaurant tenu par une Anglaise qui fait un brunch à tomber. Je me délecte d'œufs brouillés et de scones généreusement tartinés de *lemon curd*. La peau du ventre bien tendue prend la place de la boule dans l'estomac. Une sensation bien plus agréable !

À l'hôpital, une jolie surprise nous attend. Les médecins sont en train de retirer du poignet de Garance le cathéter qu'ils avaient eu tant de mal à poser. Conséquence directe : nous n'avons plus besoin de porter un masque.

– *Vous pouvez l'embrasser.*

La voix du médecin est aussi solennelle que celle du prêtre qui nous a mariés. Un peu hésitante, j'enlève mon masque. Mes lèvres brutes contre sa peau, sans intermédiaire, sans protection. En une fraction de seconde, comme une droguée, je prends ma dose. Un shoot d'odeur, de peau de bébé, de regards tendres et interloqués. Mes lèvres remuent, incapables de retenir plus longtemps ces mots profondément enfouis :

– *Je t'aime Garance.*

7.

DOUCHE FROIDE

Studio

17 janvier

– *Ça me fait plaisir de voir que tu retrouves un peu de joie de vivre ! Heureuse que l'état de santé de Garance s'améliore nettement.*

J'ai remis ma cape de fille joyeuse, ma mère va pouvoir dormir sur ses deux oreilles et moi rêver à l'avenir. Hier soir, quand Pierre est monté dans son train pour Paris, je n'ai pas pleuré. Pour la première fois. Ce début de semaine a des allures de lundi au soleil. Et ce soir, seule dans mon studio, un paquet de chips à la main, je me délecte d'une comédie *feel-good*. Le film terminé, j'appelle l'hôpital. Quand j'étais petite, j'avais besoin qu'on me raconte une histoire pour m'endormir. Un conte avec les bonnes tonalités, les voix des animaux correctement imitées, des phrases inventées en plus de celles imprimées sur le livre. Depuis trois semaines, je retrouve ce rituel.

Le coup de fil à la maternité remplace l'histoire de mon enfance et quelques mots suffisent à m'apaiser.

– *Garance va très bien, elle dort. Bonne nuit à vous. À demain.*

Ce soir, Cécile ne décroche pas. Peut-être est-elle occupée avec un autre bébé ou est-ce son jour de repos ? Stéphanie répond et me passe Mélanie. Cette infirmière maîtrise son métier mais pendant ses études, elle a sans aucun doute séché les cours d'empathie. Avec elle, je n'ai jamais réussi à discuter d'autre chose que des constantes de Garance. L'autre soir dans les vestiaires, elle a demandé à Cécile de rester à sa place :

– *Nous sommes là pour soigner, la mère est là pour veiller. Pas pour se faire des copines.*

Gênée, Cécile a fini par me demander si elle empiétait trop sur mon intimité. À l'hôpital, comme dans n'importe quelle entreprise, derrière la bonne entente de façade, l'envers du décor est moins joli à voir.

– *Bonsoir, je trouve votre fille amorphe et très fatiguée. Depuis que j'ai pris la relève, elle a déjà fait trois apnées respiratoires assez longues. J'attends le pédiatre pour décider du protocole à suivre.*

En pyjama dans mon lit, j'accuse le coup. Il est 23 h 30. Pierre dort sûrement déjà. Pourquoi Garance va toujours très mal quand il n'est pas avec moi ? Pourquoi, dès que je baisse un peu la garde, le destin vient à nouveau me piétiner ? Le téléphone sonne dans le vide. Deux fois, trois fois, dix fois. Pierre finit par décrocher.

– *Je me suis couché tôt, j'ai un gros meeting demain matin avec mon chef. Il devrait m'annoncer s'il me confirme ou renouvelle ma période d'essai.*

Tes réunions, ton patron, ta période d'essai, ton boulot, tes angoisses de jeune cadre trentenaire, Pierre, si tu savais comme je m'en fous. Nous devrions être en ce moment ta seule priorité et occuper toutes tes pensées. Absolument toutes. Je tais ma rancœur.

– *Désolée, je ne voulais pas te réveiller, mais Garance ne va pas bien du tout. J'ai peur qu'il lui arrive quelque chose cette nuit.*

À son tour, il encaisse et me demande de le rappeler dès que j'en sais plus.

– *Essaye de dormir un peu. Je t'aime.*

Notre fille est en train de mourir et Pierre me demande d'aller me coucher. Qu'est-ce qu'ils ont tous à vouloir que je m'assoupisse ? Comme cette connasse d'infirmière juste après l'accouchement, qui n'avait qu'une lubie, que j'aille me reposer. Je ne suis pas un enfant qu'on envoie au lit se calmer après un gros caprice. Je ne suis pas un petit être qu'il faut protéger avec des rêves pour que le cauchemar cesse. « Sois sage, ô ma douleur et tiens-toi plus tranquille. » Va te faire foutre, Baudelaire, avec tes poèmes à la con !

Je prends la chaise qui se trouve devant moi et la fracasse contre le carrelage. Le lit bas de gamme Ikéa, je tape dedans de toutes mes forces avec mes pieds. Dans le placard de cette minuscule kitchenette, des assiettes ébréchées et des verres dépareillés. Je les brise méthodiquement, un par un, sur le sol. Des saladiers Duralex, des bols immondes, des plats en plexiglas, tout y passe. De toute façon, il était temps de changer, tout est moche ici. Le propriétaire se fout vraiment de la gueule du monde.

Comme une alcoolique qui aurait sifflé la dernière goutte, je suis à sec. J'ouvre le minuscule frigo et vois une bouteille de champagne rosé. Mon préféré, offert par mes amis lors de cette belle soirée. J'explose la bouteille contre le sol. Mes pieds baignent dans le champagne. L'odeur me chatouille le nez. Dans le creux de la fiole, il reste un peu de nectar que j'avale en une gorgée. Je caresse le cul de la bouteille. Tranchant, aiguisé, parfait. Sous ma gorge, je fais des va-et-vient. La carotide. Il suffirait d'un coup sec. Je mime la scène. J'inspire, prête à me trancher la gorge. Qu'on en finisse, une bonne fois pour toutes. Que j'aie au moins le courage de mettre fin à ma souffrance.

– *C'est pas bientôt fini ce bordel ?! J'ai un examen demain. Si tu continues, j'appelle les flics.*

Un tesson à la main, j'ouvre la porte. Le corps en transe, les yeux remplis de haine, je crois voir Pierre, déterminée à ne lui laisser aucune chance. Qu'il agonise à son tour, qu'il sente la mort rôder autour de lui, qu'il en bave comme je souffre au point de vouloir en finir. L'étudiant recule de cinq pas, me traite de tarée et part se réfugier dans son studio. Derrière moi, un capharnaüm. Je hurle. De colère, de rage, de tristesse.

****

– *Venez me voir avant 10 heures, mais pas d'inquiétude, Garance va mieux.*

Un appel du pédiatre me réveille en sursaut. Sur la plaque de cuisson sont posées une grosse brioche et des bougies d'anniversaire. Fêter la troisième semaine de vie de Garance, c'est ce que j'avais prévu pour cette journée. J'avais imaginé de la gaieté et de la joie autour de sa couveuse. Mais la réalité m'a de nouveau rattrapée.

Je me précipite à l'hôpital bien que je rêve que ma vie soit rythmée par autre chose que ces visites quotidiennes. Je n'ai plus la force de traîner dans ces couloirs sans âme, où le moindre pas résonne. Je ne supporte plus de devoir sonner pour voir ma fille, de dépendre des puéricultrices pour la sortir de sa couveuse et la prendre dans mes bras. Je maudis le bruit des alarmes et des machines. Je n'ai plus envie de voir toutes ces blouses blanches qui maîtrisent parfaitement leur chorégraphie et qui font mine de ne pas voir la mort qui joue au chat et à la souris dans leur service.

Et puis, tu es là, complètement endormie mais bien vivante. Je te regarde et j'ai l'impression que c'est toi la mère ; c'est toi qui m'enseignes l'amour de la vie et moi, telle une petite fille, qui bois chacune de tes respirations. Tu es la personne la plus courageuse que je connaisse, jamais je n'ai rencontré quelqu'un qui se batte avec autant de force pour vivre. Ton rythme cardiaque est régulier, tout comme ta courbe de saturation.

À force de passer du temps ici, j'ai appris à dompter les machines, à comprendre ce que les courbes signifient, à reconnaître le bruit de chaque alarme, une pour la fin de l'alimentation, une quand le cœur s'emballe ou ralentit trop brusquement, une quand la température de la couveuse change anormalement. Sur l'écran, rien à signaler. Le changement est ailleurs, comme le nez au milieu de la figure. Tu n'as plus de lunettes à oxygène, tu es repassée sous masque respiratoire. Un pas en avant, dix pas en arrière.

– *Elle nous a vraiment fait peur cette nuit.*

Le pédiatre s'excuse d'avoir été trop vite en besogne. Depuis son premier arrêt cardiaque, Garance avait deux stimulants : un médicament spécial contre les apnées et des doses de caféine. Ces deux remèdes ont été arrêtés en même temps dimanche soir vu qu'elle allait mieux, mais le pédiatre en est convaincu : elle a mal vécu cet arrêt brutal. Du coup, il lui a remis son masque et prescrit à nouveau de la caféine. Il n'est pas question de brûler les étapes une nouvelle fois.

J'avais l'impression d'être sur la bonne voie… Et boum, retour en prison sans empocher l'argent de la case départ ! Impitoyable partie de Monopoly. Contrairement à ce qui nous avait été annoncé, aucun transfert n'est possible. Du moins pas avant une vingtaine de jours minimum. Le médecin a d'ailleurs bien insisté sur ce mot « mi-ni-mum », afin de tuer le moindre espoir. Toujours la faute aux apnées respiratoires. Nos peau à peau quasi quotidiens ne font pas le poids face à l'immaturité de tes poumons.

Je suis en colère, tellement en colère, contre les médecins et aussi contre Pierre. Combien de temps encore vais-je rester coincée ici à Chambéry ? Le seul endroit où j'ai envie d'être, c'est chez moi à Paris. Depuis mes dix-huit ans, je n'avais qu'une hâte : quitter la capitale. Les week-ends, les jours fériés, les vacances. Partir, partir, découvrir le monde. Pierre était un globe-trotter ; il avait fait ses études supérieures en Suisse, puis avait travaillé au Mexique, en Angleterre et en Espagne, pays où il espérait un jour me convaincre de vivre. Notre goût pour les voyages nous avait indéniablement rapprochés. Ensemble, nous avions écumé les sentiers français et goûté à toutes les spécialités régionales. Ensemble nous avions vadrouillé dans toute l'Europe mais aussi en Afrique et aux États-Unis. Ma grand-mère ne cessait de me demander pourquoi nous avions autant la bougeotte.

– *Faut vivre avec son temps, mamie, et puis avec les low cost, on peut faire le tour du monde pour trois fois rien.*

Ce n'était pas tout à fait vrai, mais cela nous rassurait de le penser. Nos salaires passaient dans ces escapades. Dans la playlist que Pierre m'a préparée, le rappeur Orelsan fredonne qu'après avoir fait le tour du monde, tout ce qu'on veut, c'est être à la maison.

Exactement. Être à la maison, là tout de suite, avec toi Garance.

Cela fait un moment que je n'ai pas donné de nouvelles à ma famille et à mes amis. Je me force à leur écrire un mail et y joins une photo de moi prise tout à l'heure devant ta couveuse. Mes yeux pleurent, mais je souris. Comme un automate. Déjà petite, j'exagérais ma joie, une risette large qui montrait des dents bien blanches. Les gens s'enthousiasmaient devant cette petite fille toujours souriante. Ils trouvaient cela tellement agréable. J'avais vite compris le pouvoir d'un sourire ; cette expression du visage me permettait tout simplement de recevoir de l'attention.

Élodie, une de mes meilleures amies, me répond aussitôt :

– *J'ai l'impression que ton petit bout de chou est un vrai rayon de soleil ! Je sais de qui elle tient !*

Après avoir lu mon long message bourré d'angoisses, elle a choisi de me rappeler le sourire qui enchante notre relation depuis nos seize ans, sans se douter que ma béatitude légendaire vient définitivement de se faire la malle.

Réanimation néonatale

un mois de vie

J'ai le droit au grand huit, Pierre au calme et à la volupté. Comme ces mères au foyer, qui après avoir géré la sortie d'école, le parc, les devoirs, le bain, le dîner, une histoire, puis une autre histoire, espèrent trouver un peu de répit après leur longue journée et… voient leurs rêves s'envoler par un bruit de clef dans la serrure. « Papa, il est plus gentil que toi, il veut bien que je joue encore », hurle généralement l'enfant en sautant sur son lit. Papa, un si beau rôle, que Garance offre à Pierre aujourd'hui. D'ailleurs, auprès de lui, tu te tiens à carreau. Aucune apnée. Rien. Nada. Même pas une microscopique. Au revoir le masque respiratoire et re-bonjour les lunettes à oxygène.

Confiants, les médecins nous annoncent que d'ici quelques jours, tu quitteras l'univers feutré de la réanimation pour l'unité plus légère mais bien mal nommée de soins intensifs. On ne comprend pas bien ce que cela signifie. Pour nous, tu es toujours à l'hôpital. Une fois encore, Cécile nous aide à y voir plus clair :

– *Elle est en petite section de maternelle, et là ils veulent la faire passer directement en grande section. Pas encore bonne pour le CP, mais elle s'en rapproche. C'est une très bonne nouvelle, croyez-moi !*

Ici, tout prend du temps et Cécile est toujours là pour nous rappeler à quel point il est important de célébrer chacune de tes petites victoires. L'unité de soins intensifs comme le plus doux des rêves. Pour accéder au CP – la maison – tu devras respirer seule, maîtriser ta température, t'alimenter de façon autonome et atteindre un poids décent, c'est-à-dire environ 2 kg. Que de paliers naturels, presque innés, pour un enfant né à terme, mais si difficiles à gravir pour un grand prématuré.

À cet instant, nous avons une pensée pour tous les parents et leurs bébés que nous avons rencontrés ici : Jeanne, Louise, Léa, Youssef, Léo, Claire, Mehdi, Ange, Gabriel et tous les autres. Certains, comme Garance, ont eu la chance de quitter la réanimation, d'autres se battent minute après minute pour survivre. Nous n'oublierons pas le courage de ces bébés et de leurs parents. Nous n'effacerons pas Joris et tous ceux qui ont rejoint les anges. Jamais.

Aujourd'hui est donc un grand jour. Pour nous en convaincre, Cécile veut pour la première fois sortir Garance de sa couveuse, le temps d'un bain. Le tout premier à quatre semaines de vie dans une sorte de grand évier, qui fait office de baignoire. Au moment où Mélanie retire les capteurs et l'aide respiratoire, mon cœur s'accélère :

– *Et si elle fait une apnée pendant qu'on la baigne ?*

Mélanie me promet qu'il ne peut rien lui arriver, vu que nous sommes tous là à ses côtés. Pierre me fusille du regard :

– *T'as le don pour tout gâcher…*

Je me tais. Ma petite chérie, tu découvres pour la première fois l'eau tiède sur ta peau nue. Tu t'étires comme un chaton et tes petits doigts s'essayent à tapoter. Je ne t'ai jamais vue aussi apaisée, avec les traits complètement relâchés. Peut-être ressens-tu à nouveau la sensation d'apesanteur, celle que tu n'as connue que quelques mois dans mon ventre. Ta soudaine sérénité me bouleverse, tu ressembles à un animal blessé qui rend enfin les armes en tendant sa patte à son sauveteur. J'en fais de même et décide pour la première fois de te faire confiance. J'imagine avec délectation qu'un jour, dans quelques mois ou dans quelques années, je te dirai : « Allez Garance, tu as assez joué, on sort du bain maintenant ! »

Après le bain, j'ai le droit de t'habiller. Pour la première fois, aussi. Tu flottes dans ce joli body taille naissance que ma belle-mère m'a offert lors de sa dernière visite ici. Ce jour-là, je ne l'ai pas remerciée. Je ne voulais pas de ce justaucorps, ni de dors-bien molletonnés, ni de petits hauts à col Claudine, car on m'avait expliqué que tu n'y avais pas droit. Le protocole était clair : tu devais rester nue avec une couche pour seul vêtement parce qu'il fallait coller des électrodes partout sur ton corps pour surveiller ton cœur, ta respiration, ton apport en oxygène et ta tension. Parce qu'il fallait piquer tes bras et tes jambes pour y introduire des cathéters et des voies centrales. Parce qu'il fallait pouvoir vérifier que tes côtes ne se creusaient pas trop à chaque respiration, ce qui était mauvais signe. Je ne l'ai pas remerciée parce que les vêtements resteraient si tu nous quittais.

Heureusement, le chef du service est de plus en plus confiant sur ton état de santé. Si tu continues à te stabiliser, un transfert à Paris pourra alors être envisagé. Transfert. Le mot est lâché et pour une fois, ce n'est pas par moi, mais par ce pédiatre expérimenté, qui sait de quoi il parle. Mon cœur s'accélère, je regarde Pierre avec des étoiles plein les yeux, tandis que lui reste plutôt calme. C'est une question de caractère. Nous enchaînons l'un et l'autre sur un peau à peau. Tes petites menottes s'accrochent aux poils du torse de Pierre. Petit mais costaud, dirait la publicité. La tête dans mes seins, tu sembles vouloir téter, sensation délicieuse de baisers mouillés.

Cécile en profite pour tester ton réflexe de succion, mis à mal par quatre semaines de sonde gastrique. À la vue de ce mini biberon ni Pierre, ni moi n'avons d'émotions. Cécile presse la tétine pour faire sortir quelques gouttes de lait, mais ce n'est pas une grande réussite.

– *Ça va venir, ne vous inquiétez pas.*

Un nouvel essai est programmé demain, puis après-demain, puis après-après-demain. J'espère bien, que ça va venir…

Unité de soins intensifs

29 janvier

Le chemin à parcourir est encore long. Il reste encore plusieurs semaines d'hôpital en soins intensifs puis en néonatologie, avec certainement des hauts et des bas. Mais si chaque jour est un jour de gagné, celui-là sonne comme la plus belle des victoires. Pourtant, Pierre bougonne. Cela l'a tellement agacé que Mélanie reprenne chacun de ses gestes.

– *Pas comme ça, non le coton pas dans ce sens, d'abord le nettoyage des yeux puis celui du visage. Attention, vous n'avez pas bien refermé la couveuse. Le capteur autour de son mollet, c'est ainsi qu'il faut le positionner.*

Certes, les médecins et les infirmières connaissent Garance mieux que lui. Certes, il n'a pas l'expérience des professionnels et il ne maîtrise pas encore tous les gestes à la perfection mais il fait vraiment de son mieux. Il a beaucoup moins peur qu'au début de la toucher ou de la prendre dans les bras. Il a du mal à supporter ce petit air de maîtresse d'école que prend Mélanie quand elle lui montre comment tenir Garance dans le bain pour ne pas qu'elle se noie. Il a l'impression qu'on l'accuse de mal faire, ou pire, de vouloir faire mal. Tout ce qu'il demande, c'est un peu d'indulgence, de la part de tout le monde, y compris de la mienne. Alors quand je lui dis que ce n'est pas le bon moment pour aller voir sa fille car celle-ci doit dormir ou être en pleine alimentation, il passera désormais outre.

Comme à ses côtés, Garance est sereine et apaisée, Pierre compte consacrer son énergie uniquement à sa fille. Il aimerait se vider de la sienne pour la lui donner en entier. Comme une voiture en bon état, dont on se sert pour redémarrer une autre en panne de batterie. Il se dit que les hommes ont vraiment le don de tout ramener aux bagnoles.

Et pour la première fois depuis un mois, il a envie de rire.

Réanimation néonatale

cinq semaines de vie

Une âme de révolutionnaire. J'aurais dû m'y préparer en t'appelant Garance. Alors que la Révolution française se termine dans un bain de sang, un nouveau calendrier entre en vigueur ; chaque jour est représenté par une fleur, un arbre ou une plante. La garance, cette plante vivace dont les racines servent à teindre les tissus dans un rouge vif, y est célébrée le 23 Brumaire. Comme les Sans-culottes, ma petite Garance fomente une révolte. Au petit matin, elle arrache à cinq reprises sa sonde gastrique, retire ses lunettes à oxygène et se les colle sur le menton, le front, la joue… partout sauf sur le nez où elles doivent rester. Alors que les puéricultrices mettent un temps fou à la confiner pour qu'elle se sente enveloppée et protégée, elle vient de tout envoyer valser. Je la retrouve agglutinée aux parois de la couveuse.

L'équipe médicale est habituée à ces petites rébellions. Selon eux, c'est un signe que les bébés en ont ras le bol et veulent faire comprendre qu'ils peuvent se débrouiller tout seuls. Une fois encore, tu décides de ton sort. Presque à ta demande, tu vis tes derniers jours à Chambéry. C'est Cécile qui m'annonce la bonne nouvelle. Je lui saute dans les bras, sans prendre garde au regard courroucé de Mélanie. Voyant que tu ne fais plus d'apnée respiratoire depuis six jours et que tu montres enfin un semblant d'intérêt pour les biberons, le chef de service a décidé de te laisser partir. Je vais enfin pouvoir rentrer chez moi et toi, tu iras en néonatologie dans un autre hôpital à Suresnes, en proche banlieue parisienne. Ce sera la dernière étape avant le retour définitif à la maison.

Je reste toutefois sur mes gardes, car le mardi c'est le jour des rechutes. La réanimation cardiaque, c'était un mardi. Les cinq apnées respiratoires de suite, c'était aussi un mardi. Jamais deux sans trois, faites que ce proverbe idiot ne dise pas vrai. Et malheureusement, il dit vrai. Le transfert est repoussé. La seule bonne nouvelle est que pour une fois tu n'y es pour rien. Ce retard à l'allumage est dû à des soucis logistiques de la part d'Europ Assistance qui a un mal fou à trouver du personnel formé pour nous raccompagner dans nos pénates. Certes, ce contretemps n'est rien comparé à tout ce qu'on a vécu mais c'est celui de trop. Je me mets à pleurer sans réussir à m'arrêter. Des flots de larmes se déversent sur mon téléphone. Pierre, en entendant ma voix étouffée par les sanglots, craint le pire. Mais le pire est passé, nous n'allons que vers le meilleur. Je reprends ma routine et descends te voir.

– *Bonjour mon amour, c'est maman.*

Tu me décroches un petit sourire. Le premier. Je répète ma phrase, tu souris à nouveau. Je m'amuse de ce nouveau jeu que nous venons d'inventer. Je te glisse dans un bain, essai confirmé. Puis, tu avales d'une traite un biberon de 10 millilitres et tu t'endors, repue et apaisée, dans mes bras. S'il n'y avait pas toutes ces alarmes, ces fils et les puéricultrices qui viennent s'assurer toutes les deux secondes que tout va bien, on pourrait presque croire à une après-midi normale entre une maman et son bébé à la maison.

Bientôt, j'espère.

8.

RETOUR À LA VIE

Dîner en amoureux à Chambéry

4 février

Le Z. C'est le nom de la brasserie où Pierre m'emmène dîner. Le Z, comme la fin de notre aventure à Chambéry. Pierre ne s'est pas trompé, le cadre est magnifique, nous avons une jolie table à l'abri des regards et des oreilles indiscrètes et surtout à la carte il y a des fruits de mer, mon péché mignon.

– *Un plateau royal avec une bouteille de champagne rosé.*

Pierre est d'humeur joyeuse. Il a envie de fêter le retour imminent de ses femmes. Je trinque avec bonheur :

– *À Paris !*

Alors que Pierre casse les pattes d'un tourteau, il plonge ses yeux dans les miens. Se confier n'a jamais été son fort. Le regard un peu perdu, il cherche ses mots.

– *Je ne t'en ai jamais parlé mais je pensais pas qu'elle s'en sortirait. Tout semblait si désespéré. Un combat perdu d'avance. C'était dur d'être à Paris loin de vous, tellement dur de ne pas vivre près de toi tous ces moments, les bons comme les plus difficiles.*

Il boit une gorgée de champagne pour se donner du courage.

– *Je t'aime tellement et je l'aime tellement aussi. Je suis si fier d'elle, Garance s'est battue comme une lionne et elle a gagné.*

Et de me demander une faveur, sa coupe de champagne toujours à la main, de revenir dans un an à Chambéry pour souffler la première bougie de notre fille. Alors que je ne rêve que de partir, Pierre pense déjà à revenir.

– *Je te le promets. Je t'aime.*

Avec les yeux un peu voilés, Pierre murmure un « moi aussi », soulagé d'entendre qu'il a encore une place dans mon cœur. Garance n'a pas tout pris.

****

C'est son dernier trajet Chambéry-Paris. Du moins, il l'espère. Il n'en peut plus de ces va-et-vient et ne supporte plus cette angoisse qui monte en lui chaque dimanche soir quand il marche dans cette ville qu'il connaît si peu, en direction de la gare. Ce soir, il se sent un peu mieux. Sa femme et sa fille partent demain matin. Il n'arrive pas complètement à se réjouir, il a trop peur d'un nouveau faux départ. Je me suis gentiment moquée de lui. « Allez, sois positif, vois le verre à moitié plein. »

Il est tard, le petit café de la gare a fermé, le kiosquier a baissé son rideau. Pierre se met à feuilleter le livre que les puéricultrices nous ont offert. *Histoires d'avant.* Un magnifique bouquin écrit par une pédiatre en néonatologie du centre hospitalier de Grenoble. Les photos sont pleines de douceur, les textes tout en retenue. Pierre a l'impression que Garance illustre chaque page. Il est étonné de voir à quel point tous les prématurés se ressemblent, aucun n'a encore les traits de ses parents, aucun ne courbe sous le poids de la génétique ; ils ressemblent à des ébauches abandonnées par un artiste en mal d'inspiration. Les nombreuses dédicaces écrites par les soignantes en première page lui rappellent à quel point sa fille est pourtant unique. En les parcourant, Pierre réalise à quel point il tient à ces femmes, elles qui ont tenu la vie de Garance entre leurs mains. Souvent, en arrivant à l'hôpital, il se demandait qui s'occuperait de sa fille aujourd'hui et se sentait soulagé, presque heureux quand après avoir franchi le dernier sas, il apercevait le visage de Cécile ou celui de Stéphanie. Le premier mot, c'est cette dernière qui l'a écrit :

Petite Garance, tu as choisi de naître plus tôt que prévu dans nos montagnes et fait de grosses frayeurs à ton papa et à ta maman. Nous avons eu toutes beaucoup de plaisir à accompagner tes progrès au cours de ce mois où tu as beaucoup grandi. Bonne route petite perle.

STÉPHANIE

Le bon air pur de nos montagnes pour commencer la vie, c'est tonifiant. Mais il faut bien repartir à la maison où beaucoup de monde t'attend. Grandis bien, fais plein de bêtises et reviens en Savoie faire du ski.

ADELINE

Arrivée à l'avance, tu nous as fait craquer. Qu'est-ce que ce sera quand tu seras grande ! Profite de chaque instant et reviens vite nous voir.

AMANDINE

Bonne route à toi, petite Garance. Donne-nous vite de tes nouvelles.

MÉLANIE

Le plus long message, c'est Cécile qui l'a rédigé. Cela ne surprend pas Pierre ; entre elle, lui et sa femme, un vrai lien s'est tissé. Elle leur a laissé son numéro de téléphone et son adresse mail personnelle afin qu'ils puissent lui donner des nouvelles de Garance. « On vous le promet », lui avait-il murmuré, au moment où il l'avait saluée ce soir pour la dernière fois.

Petite Garance,

Voulant découvrir nos montagnes, tu as décidé d'arriver un peu trop en avance. Ta plus belle chance, avoir un papa et une maman qui étaient prêts à devenir parents pour t'accompagner. Te voilà partie sur ton chemin de vie. Ta route sera sinueuse, les croisements seront nombreux mais, entourée de tes parents, tu sauras faire les bons choix pour aller vers de beaux paysages. Prends le temps de regarder autour de toi. Je te souhaite, accompagnée de tes parents, plein de petits bonheurs et de grandes joies. Deviens une charmante jeune femme pleine de vie et de projets. Bonne route petite princesse et prends soin aussi de tes parents.

CÉCILE

Le micro grésille, son train est annoncé voie 2. D'un coup de manche, il sèche ses larmes et s'endort, épuisé, dès que le train démarre.

« Ta plus belle chance, avoir un papa et une maman qui étaient prêts à devenir parents. » Si Cécile savait à quel point il a douté, s'est jugé mauvais, a imaginé tout ce qu'un autre aurait mieux fait.

Adieu Chambéry

après quarante jours ici

« La réa, on pleure quand on y arrive. On pleure quand on la quitte. » Ce petit mot placardé par un parent dans le service réanimation sonne si juste. C'est ma dernière nuit à Chambéry, notre départ est confirmé pour demain matin, 9 heures. Avec un gros pincement au cœur et quelques larmes, je quitte cette ville et l'ensemble des puéricultrices, qui sont devenues avec le temps des copines. N'en déplaise à Mélanie. « On perd l'un de nos piliers », m'a sincèrement confié Amandine. Tout le monde connaissait son histoire. J'espère vraiment qu'à Paris je vais retrouver la même gentillesse et la même humanité.

Notre fille est prête pour le départ. Elle a franchi la barre des 2 kg, a tenu plus de vingt-quatre heures sans aucune aide respiratoire (même pas les fameuses lunettes) et a goûté au lait en poudre industriel. Coquetterie oblige, je l'ai faite toute belle pour

Paris : après un long bain, je l'ai habillée d'un body *Petit Bateau* gris à rayures roses, que ma mère m'a envoyé pour l'occasion. Dans ce beau livre sur la prématurité que les puéricultrices nous ont offert, j'ai lu : « Un préma n'est plus dedans [dans le ventre de sa mère], mais pas tout à fait dehors non plus [à la maison]. » Avec le transfert demain en néonatologie et l'arrivée dans cet autre hôpital, Garance ne sera pas tout à fait dehors, mais elle se rapproche de plus en plus de la sortie. Je ramasse quelques affaires et m'endors sereinement, après un coup de fil au service. Le dernier.

****

Ce matin, le réveil n'a pas encore sonné que je suis déjà habillée et prête à partir. « Mes amis, ma famille, priez fort fort fort pour que le voyage se passe bien. » J'espère que ce texto, envoyé à tout mon carnet d'adresses, m'apportera de bonnes ondes pour ce périple.

À l'arrière de l'ambulance, je m'assieds sur le strapontin le plus proche de la couveuse. Qu'il me semble loin le temps où, adolescente, je me battais avec mes frères pour avoir la meilleure place dans la voiture, celle où je pouvais poser ma tête contre la vitre tout en étendant mes jambes. Aujourd'hui, je me fais le plus petit possible pour ne pas gêner le médecin qui nous accompagne.

Sur cette route qui me semble interminable, je regarde ma fille qui, apaisée comme tous les enfants par le ronronnement de la voiture, dort tranquillement dans sa couveuse de transport. Tu n'as pas conscience que ce jour est si particulier. Tu ignores que tu roules vers la vie. J'aimerais pouvoir me pencher à ton oreille et te parler de la beauté de ce soleil d'hiver. Regarde cette lumière naturelle, celle que tu ne connais pas encore. Je voudrais t'encourager à écouter tous ces bruits nouveaux, ceux des oiseaux, de la neige qui tombe et même la sirène de notre ambulance. Je rêverais que tu ressentes ce froid glacial et la douceur d'un bonnet et d'une écharpe sur ta peau. Un jour, aussi, Garance, tous tes sens seront en éveil. La vie, la vraie vie, ma chérie.

Je somnole en repensant à ces dernières semaines. Moi la Parisienne contrainte à l'exil avec un bébé qui est entre la vie et la mort. Pierre et moi absolument pas prêts à devenir parents, incapables de comprendre pourquoi tout a basculé en deux heures à peine. Plus de six semaines ont passé et j'ai changé, moi aussi. Je suis aussi devenue maman, une vraie maman, malgré la couveuse, les alarmes, les fils, les capteurs, les arrêts respiratoires, les seringues d'1,5 millilitre de lait et les sondes gastriques. J'ai découvert un monde que j'ignorais, la réanimation où j'ai passé presque 24 heures sur 24, aux côtés de médecins et puéricultrices que je me promets de ne jamais oublier. Surtout, j'ai réalisé à quel point la vie est fragile et que, quels que soient notre milieu social, notre fortune, nos plans, on n'échappe pas à l'imprévisible.

Je revois le visage inoubliable de Stéphanie, qui, à mon arrivée en pleurs et complètement choquée, me disait : « On fera tout, tout pour la sauver ! » Je revis la sensation que j'ai éprouvée lorsqu'Adeline m'a serrée dans ses bras quand je craquais face à une nouvelle apnée respiratoire. J'entends les mots réconfortants de Cécile, qui m'assurait que ma fille réagissait à ma voix lorsque je descendais dans l'unité. Je réponds aux sourires bienveillants d'Amandine, qui me donnaient la force de ne pas m'écrouler quand, de jour en jour, le poids de Garance, déjà bien faible, diminuait. Je ris aux blagues de Charlotte qui me disait : « Au moins votre fille vous entendra rire, pas pleurer. Cela lui donnera envie de vous connaître. » J'ai, en fin de compte, une profonde admiration pour le grand professionnalisme dont a fait preuve Mélanie.

Toutes ces femmes extraordinaires n'ont jamais flanché quand il a fallu te réanimer, te stimuler après une bradycardie alors que chaque mouvement trop brusque aurait pu provoquer une désaturation mortelle. Elles n'ont jamais frémi quand il a fallu poser une perfusion, un cathéter et chercher une minuscule veine pour faire un bilan sanguin. Elles n'ont jamais cessé de m'appeler « maman », de m'inciter à te prendre en peau à peau et de me réconforter sans arrêt, même quand tout allait mal. Elles n'ont jamais compté leurs heures, ne se sont jamais plaintes de leur fatigue et choisissaient de rester bien plus tard qu'il ne le faudrait avec un bébé qui ne va pas bien ou qui a besoin d'une surveillance renforcée. Aucun mot n'est assez fort pour leur dire combien je les estime et soutiens leur dévouement quotidien. Plus que des infirmières et des médecins, j'ai le sentiment d'avoir croisé la route d'anges gardiens.

Sirènes hurlantes, nous traversons Paris. Devant l'hôpital Foch, à Suresnes, Pierre nous guette comme le messie.

– *La petite Savoyarde est de retour.*

– *Ah voilà la grande pressée !*

– *On lui a donné une couveuse avec vue sur la tour Eiffel, il fallait au moins cela pour compenser la vue des montagnes !*

La bienveillance du chef de ce service de néonatologie m'apaise et me rassure. Je sens que Garance est entre de bonnes mains. Pierre reste avec Garance. Je m'échappe, pas mécontente de rentrer chez moi. Sur le trajet, la ville me saute à la gorge, le bruit, le froid, les klaxons, les voitures, les gens qui marchent vite, les néons criards des vitrines, les invectives entre un cycliste et un chauffeur de taxi. Je presse le pas pour retourner me réfugier dans mon cocon.

Les pochoirs de Noël décorent encore les fenêtres et dans notre chambre sont posés sur une chaise les vêtements que j'hésitais à mettre dans ma valise pour partir à la montagne. Quasiment deux mois ont passé, mais le temps s'est figé dans cet appartement. Par manque de temps ? Probablement. Et si c'était par superstition ? J'ai toujours pensé que Pierre était un grand rationnel. Peut-être que je ne le connais pas si bien ou que la naissance de Garance l'a lui aussi transformé.

Je m'allonge un instant sur notre lit. Plus tard, Pierre me rejoint. Je me blottis contre lui. Comme avant. Mes rancœurs s'évanouissent. Nous deux à nouveau comme une évidence.

Pierre est le père que je voulais donner à mon enfant.

Hôpital Foch

sept semaines de vie

Dans ce nouvel hôpital, à Suresnes, en proche banlieue parisienne, tout va trop vite, je n'arrive pas à suivre. Garance non plus. Ici, le personnel médical ne la considère pas comme une prématurée mais comme un bébé presque à terme. Du coup, ce matin, ils l'ont forcée à avaler un biberon de 40 millilitres, elle qui avait du mal à venir à bout de 10 millilitres à Chambéry. Le pédiatre vient de décider qu'elle n'a plus besoin d'aide pour respirer. Ciao la petite dose quotidienne de caféine et bye-bye les lunettes à oxygène ! Et demain, terminé la couveuse : le médecin veut l'installer dans un simple berceau. L'angoisse me monte au nez. Si plus aucune machine ne surveille sa fréquence cardiaque, son rythme respiratoire et sa saturation en oxygène, comment saurons-nous si Garance court un danger ? Je trouve insensé de la faire passer si vite d'un univers où elle était sur-couvée et surveillée

24 heures sur 24 à une autonomie totale. Depuis sa naissance, à chaque fois que les médecins ont brûlé les étapes, le retour de bâton a été violent. J'ai le terrible pressentiment que le scénario va se répéter.

Sa sonde gastrique est le seul vestige qu'ils daignent conserver. En effet, Garance est censée boire, dès la fin de cette semaine, chaque jour sept biberons de 55 millilitres, mais la sonde reste pour compenser au cas où elle n'y arriverait pas. Enfin un peu de bon sens. Je pensais que ce serait plus simple ici, en étant à côté de la maison. Mais non. Je dois recommencer à zéro, expliquer à nouveau et dans le détail ce qu'il s'est passé aux différents médecins et infirmières que je croise. Et me faire à ce nouvel environnement et à leur protocole si différent de celui de Chambéry. Qu'est-ce que Cécile me manque, elle qui devinait la moindre angoisse avant que je lui en parle, elle qui savait me rassurer avant que j'en aie besoin.

À la maison, la boîte aux lettres déborde. Une grand-tante, un cousin éloigné, des amis de mes parents et beaux-parents, un collègue de Pierre et des quasi-inconnus croisés tout au long de ma vie professionnelle m'envoient baisers, soutien, amour, courage et réconfort. Des chocolats aussi et de beaux vêtements. Je suis touchée de leur générosité. Le barrage a cédé. Il a fallu que Garance rentre à Paris, à l'hôpital mais à Paris, pour qu'ils aient envie de me consoler. Dans cette pile de courrier, deux lettres sont adressées à « Mademoiselle Garance ». Enfin, tu existes aux yeux des autres en tant que bébé et plus seulement en tant que malade. Je décachette ton courrier avec fougue.

Très chère Garance,

Nous ne te connaissons pas encore mais nous t'aimons déjà. Ton arrivée au monde est un peu précipitée. Tout le monde est suspendu à tes progrès… mais je te souhaite de vite croquer la vie de toutes tes petites forces. Que cette année commencée dans le combat pour la vie soit celle de l'espérance, de la confiance et de la joie. Bienvenue à la vie ! Affectueusement,

Chloé

La lettre suivante est tout aussi tendre.

Douce Garance,

Tu étais pressée de rencontrer tes parents… tu as raison, ils t'aiment tant ! D'après ta maman, tu es déjà très volontaire et décidée. Bravo d'avoir respecté tous les objectifs qui, si petite, t'étaient assignés pour revenir plus près de nous. Tu sembles attaquer courageusement un avenir indépendant, c'est bien, c'est dans le vent, vive les femmes !

SYLVIE

Rien qu'à t'imaginer en égérie féministe, je me marre.

****

Comme chaque matin, je file à l'hôpital pour arriver juste avant ton réveil. Je te sors de ce berceau chauffant, te déshabille entièrement et te glisse dans un bain. Je te laisse profiter longuement de l'eau chaude sur ta peau. Puis, je nettoie tes yeux et ton nez, te tartine le visage de crème hydratante et talque tes fesses pour prévenir la moindre irritation. Vient mon moment préféré : jouer à la poupée. Tu as tellement de jolies tenues. Ma mère a fait des folies.

Calée dans un fauteuil pas très confortable, je te prends contre moi pour te donner le biberon. Tu te rendors instantanément. Au gré de ta respiration, j'oublie presque que d'ici quelques jours je devrai répéter ces gestes, seule, sans pouvoir appeler à l'aide. Cela fait des semaines que j'attends ce moment et pourtant plus l'échéance approche, moins j'en ai envie. J'ai tellement peur qu'une fois à la maison, il se passe quelque chose et que je ne me rende compte de rien. Même si j'aime deviner ce qu'un docteur prescrit en cas d'angine ou de maux de ventre, dans la situation présente, je dois me rendre à l'évidence, je ne suis absolument pas médecin. À peine bobologue.

Aujourd'hui, je compte sérieusement demander au pédiatre si je peux louer un moniteur pour suivre tes constantes. On loue bien des berceaux et des balances pour bébés, alors pourquoi pas un scope ? Je me confie un peu plus tard, les yeux pleins de larmes, au chef de service. Ce pédiatre, qui a des faux airs du comédien Jean-Pierre Darroussin, parle à l'oreille des bébés. Quand il se penche sur un berceau, il le fait avec une telle douceur que les nourrissons s'apaisent instantanément. Je lui avoue être droguée à la ligne bleue et à la ligne verte des machines. Il me demande de leur faire confiance et à toi aussi, ma fille.

– *Lorsque Garance sortira de l'hôpital, il n'y aura plus aucun risque. Elle sera vraiment tirée d'affaires, je vous le promets.*

Je n'ai pas d'autre option que de le croire.

Chambre kangourou

18 février 2012

Faire confiance à Garance. Cette phrase tourne en boucle dans ma tête. Je suis convaincue que j'y arriverai quand je l'aurai apprivoisée. Je sais encore si peu de choses d'elle. Je suis incapable de deviner ce qui se cache derrière ses pleurs, si elle a faim, mal ou juste besoin d'un gros câlin. Pourtant, au bout de huit semaines passées jour et nuit avec leur bébé, ce dernier n'a plus aucun secret pour les autres mamans. J'ai hâte, à mon tour, de connaître Garance par cœur.

Ce soir, à la demande du pédiatre, je dors à l'hôpital. On m'explique que cela me permettra de me rapprocher encore plus d'elle.

Comme Cécile à Chambéry, ce médecin a deviné mes envies les plus enfouies. Je lui souris, en guise de remerciements. C'est assez étrange de dormir à l'hôpital sans être malade, mais peu importe, je suis heureuse de passer enfin vingt-quatre heures consécutives avec elle. Me voilà presque enthousiaste à l'idée de me faire réveiller en pleine nuit par un petit bébé affamé.

Pierre m'installe dans une chambre que les médecins appellent « kangourou ». Le principe est simple : une double entrée, une pour moi, une autre pour les infirmières afin qu'elles puissent s'occuper de toi si besoin. Je me rends compte, le cœur battant, que nous sommes pour la première fois réunies, seules, dans une même pièce, à respirer le même air et à somnoler à l'unisson.

Deux jours plus tard, le verdict tombe. Nous pouvons rentrer à la maison. Pour toujours. Je pleure en écrivant ces mots. Mais pour une fois, ce sont des larmes de soulagement et de bonheur. Bien entendu, Garance devra encore recevoir des soins, une infirmière à domicile passera tous les jours au début. Pour les biberons, je devrai m'armer de patience pour les lui faire terminer. Mais pour le reste, rien à signaler. Elle respire normalement et sa croissance est régulière. L'hôpital ne peut plus rien pour elle. J'envoie des textos à mes parents et à mes meilleures amies pour leur partager la grande nouvelle :

Nous sommes heureux de vous annoncer la naissance de notre fille Garance, 2,675 kg et 48 centimètres. Les parents nagent dans le bonheur ☺.

On vous embrasse.

PIERRE & HÉLO

C'est une sorte de faire-part 2.0. Non, je ne suis pas devenue folle, mais le jour tant attendu est enfin arrivé : aujourd'hui est le jour où nous allons enfin récupérer notre fille, après sept semaines et demie d'hospitalisation. Plus qu'une seconde naissance, le 18 février restera le jour de la renaissance de Garance. 28 décembre, 18 février, quel enfant ne rêve pas de fêter deux fois son anniversaire ? Ma chérie, toi, tu auras ce privilège.

En me donnant les papiers de sortie, le pédiatre abonde dans mon sens et m'explique, le plus sérieusement du monde, que ma fille a deux âges. Un âge réel, celui de l'état civil, et un âge dit corrigé, qui est l'âge théorique qu'elle aurait si elle était née à terme.

– *Si par exemple vous vous inquiétez parce qu'elle ne marche pas encore, rapportez-vous toujours à l'âge corrigé. On comptera comme cela jusqu'à ses sept ans. Après on considère que les deux âges n'en font plus qu'un et c'est son âge réel qui fera foi.*

Si je comprends bien, tu sors de l'hôpital alors que tu ne devrais pas encore être née, ton âge corrigé est négatif de trois semaines. Pourtant tu es bien là, vivante et attentive à tout ce qui se passe autour de toi. J'avais fini par penser que ce jour n'arriverait jamais.

Des roses rouges m'attendent sur la table basse du salon, du champagne rosé est au frais. Pierre filme ton arrivée à la maison, toi qui n'as connu que les bruits sourds et l'odeur aseptisée des hôpitaux.

Terminé les blouses blanches, les mots murmurés et les pas feutrés. Place aux éclats de rire, au barouf ! Enfin !

Maison

deux mois de vie

Dix heures du matin. Aucun bruit. Pierre dort profondément. Je ne me rappelle pas l'avoir entendu se lever cette nuit pour donner un biberon à Garance. Je commence à m'agiter, il se réveille. On échange un regard, pas besoin de mots. Et s'il était arrivé quelque chose cette nuit ? Et si, épuisés par ces dernières semaines, nous n'avions rien entendu ? Sur le palier, ta chambre. Soudain, j'ai peur de découvrir ma fille inanimée. La mort subite du nourrisson, cela n'arrive pas qu'aux autres. Pierre, pragmatique, ne coupe pas les cheveux en quatre. Il ouvre la porte de façon brutale. Tu sursautes. Ouf ! Tu es juste complètement endormie. Désolée ma chérie pour ce réveil en fanfare.

Je pensais naïvement qu'une fois à la maison, c'en serait fini des peurs et des angoisses. En fait, non, la phase deux du combat commence. Ici, nous sommes seuls, face à nous-mêmes, sans machine pour nous alerter et sans personne pour nous demander comment nous allons. D'ailleurs, tout le monde pense que tout va bien puisque notre bébé est enfin rentré. En réalité, nous sommes en état de choc, nous prenons tout juste conscience de ce que nous venons de traverser tout en ayant intégré tout ce qui nous attend encore. Malheureusement, nous n'en avons pas fini avec la prématurité et ses rendez-vous stressants. À l'hôpital pour des visites de contrôle, chez le pédiatre de ville une fois par mois pour s'assurer que Garance grandit suffisamment ou pour développer sa motricité chez le kiné. La prématurité, c'est la parentalité puissance mille. Nous le découvrons à nos dépens.

Cet après-midi, nous avons rendez-vous pour un premier check-up depuis sa sortie. Je demanderai au pédiatre si c'est normal qu'elle dorme autant – pas loin de vingt heures par jour. Je devrais me réjouir qu'elle fasse déjà ses nuits mais ce n'est pas comme si elle avait des réserves, elle a plus que besoin de manger pour grandir.

– Non, non et non ! On ne réveille pas un bébé qui dort et encore moins un prématuré. Pendant

le sommeil, le cerveau finit certaines terminaisons nerveuses, essentielles à son développement. Et puis, aucun bébé ne se laisse mourir de faim, faites-lui confiance !

Le pédiatre est formel, l'ère du gavage est définitivement terminée. Je me fais doucement à l'idée que j'ai mis au monde une petite marmotte, pas du tout pressée de se remplumer. Je m'imagine rapiécer des bodys taille naissance trop longtemps portés. Personne avant moi, j'en suis sûre, n'en a jamais eu l'idée !

– *Et surtout, dernière chose : Garance grandit et grossit à son rythme. Elle va bien.*

Je me rappelle qu'en réa, personne ne pouvait me l'affirmer ; les médecins pouvaient à peine se prononcer sur les prochaines vingt-quatre heures. Chaque jour qui passait était un jour de gagné. Garance n'allait bien que dans le rétroviseur, mais jamais quand on regardait vers l'avenir.

Nous l'avons attendu si longtemps, ce « elle va bien ».

9.

AVENIR

Paris

neuf mois avec toi

À neuf mois, tu continues de dormir toute la journée. Le pédiatre avait raison, tu es un vrai loir. La sieste du matin à partir de 10 h 30, celle de l'après-midi, puis une petite dernière après le bain du soir, sans compter les longues nuits, jamais entrecoupées.

Aujourd'hui ne déroge pas à la règle. Ce soir, c'est la lumière d'un magnifique coucher de soleil qui te réveille doucement. Je l'aime tellement ma routine : te sortir du lit, te prendre dans les bras, changer ta couche, te faire dîner. J'ai mis du temps à réaliser que ton arrivée dans ces conditions particulières nous a offert une chance indéfinissable : celle d'avoir le temps. Cela peut faire sourire pour une naissance qui n'a pas pris son temps, mais ces semaines à l'hôpital nous ont véritablement donné le temps de la découverte. Nous étions coupés de toute considération quotidienne, nous étions dans une bulle à te regarder pendant des heures, te parler, te raconter, te câliner tout en découvrant les premiers gestes, toutes ces petites premières fois insignifiantes pour un bébé né à terme mais tellement importantes pour un prématuré. Le premier peau à peau, le premier bain, le premier mini biberon, le premier échange de regards, le premier sourire, la première fois que nous t'avons habillée… Nos souvenirs sont gravés pour l'éternité.

Tu sembles hypnotisée par ce soleil qui plonge dans une mer de nuages. Lovée dans mes bras, nous admirons ensemble cette traînée de mille tons orangés qui colore le ciel. Alors que je te serre fort contre moi, je pense à toutes ces personnes qui se trouvent dans une chambre d'hôpital, qui sont seules, malades, tristes et que même la beauté d'un coucher de soleil ne peut plus bercer. J'espère que tout comme moi, ils finiront par trouver la lumière au bout du chemin.

Je décide d'aller voir quelqu'un, comme on dit, bien que j'aie un peu de mal à l'assumer. Le temps a séché les larmes, mais la tristesse, la peur et l'angoisse restent inconsolables. Je ne veux plus que ma voix se transforme en sanglots dès que j'évoque ta naissance. Je ne veux plus pleurer devant n'importe quel film où se joue la naissance d'un enfant. Même si je frémis à l'idée de retomber enceinte un jour et de ne pas réussir à garder, une fois encore, cet enfant neuf mois dans mon ventre, je veux pouvoir te donner un frère ou une sœur.

– *Garance, je te le promets, un jour tu seras grande sœur.*

Chambéry

un an plus tard jour pour jour

Une promesse est une promesse. Nous sommes de retour à Chambéry pour fêter la première bougie de notre fille. Revoir les équipes soignantes, le médecin qui était venu la chercher juste après sa naissance, leur montrer comment elle a grandi, comme elle se porte bien, les remercier tout simplement, c'est le plus beau cadeau que je puisse offrir à Pierre.

Au bout de la rue, on devine la façade du centre hospitalier. Devant, des patients emmitouflés se grillent une cigarette, des parents cherchent les urgences avec un enfant en pleurs après une vilaine chute et des ambulanciers arrivent et repartent. En franchissant le tourniquet de sécurité, nous sommes pris d'une étrange sensation, celle de revenir à la maison. Ce qui est plus fou encore, c'est que cet hôpital rappelle à Pierre de bons souvenirs : c'est ici que sa famille a pris forme, c'est ici que la vie de sa fille a débuté. La vie tremblante, hésitante, vacillante qui risque de se dérober à chaque instant. Mais la vie avec un grand V.

Le hall d'entrée, l'ascenseur, le bouton –1, la réa, l'interphone.

– *Bonjour, nous sommes les parents d'une petite fille qui a été hospitalisée ici il y a un an. Elle fête son premier anniversaire aujourd'hui et nous aimerions vous saluer.*

La porte s'ouvre. Un médecin que nous ne connaissons pas nous accueille au niveau du sas, juste avant le deuxième interphone qui conduit à la réanimation. Nous ne pourrons pas aller plus loin, nous avions déjà oublié la traque aux microbes, l'espace stérile et l'impossibilité d'entrer sans suivre un protocole strict. Une boîte de chocolats à la main, une photo de Garance dans l'autre, nous faisons promettre à ce médecin d'offrir ces douceurs à l'ensemble des puéricultrices, « embrassez tout particulièrement Cécile de notre part », et de coller la photo de notre fille sur le mur avec les photos des autres enfants hospitalisés.

Un autre médecin passe. C'est le docteur Michel Taber, celui qui avait assuré le transfert de Garance ici juste après sa naissance à Thonon-les-Bains. Je l'interpelle. Il nous a permis de devenir parents… La voix de Pierre devient chevrotante, ses yeux se mouillent. Lui, qui a toujours tenu bon, finit par craquer. Pour la première fois, devant moi, en un an.

– *Il était impensable de ne pas être ici pour sa première année. Merci, merci tellement pour ce que vous avez fait. Merci de l'avoir sauvée.*

L'émotion de Pierre me submerge. Les deux médecins ne pipent mot puis se sourient. Ils ont l'air touché eux aussi et leurs yeux se voilent légèrement. Un bip sonne, il y a urgence, ils doivent y aller. Au même moment, Garance est prise d'une crise de fou rire.

Alors que nous essayons de la calmer, une infirmière, qui sort tout juste du bloc, marmonne à l'une de ses collègues : « C'est pour qu'un jour ces bébés puissent rire comme ça que je me lève tous les matins ! »

À cet instant, elle est loin d'imaginer que notre fille a passé ses premières semaines de vie, muette, enfermée ici.

Paris

trois ans après

Trois ans. C'est le temps dont j'ai eu besoin pour avoir envie d'un autre enfant. Trois ans pendant lesquels j'ai cherché, en vain, des réponses à toutes les questions que je me posais. Trois ans à me justifier et à raconter ta naissance précipitée quand on me disait que tu faisais petite pour ton âge. Trois ans de suivi avec un psychologue pour que je me sente moins coupable de ne pas t'avoir gardée neuf mois dans mon ventre.

Cette nouvelle grossesse, j'ai presque peur de l'annoncer à Pierre. J'aimerais garder le secret pour éloigner le plus longtemps possible le moment où elle deviendrait réalité. Comme je jalouse les autres mamans qui ne s'inquiètent que des nausées matinales, de leur prise de poids ou de la décoration de la future chambre du bébé.

Mes journées sont rythmées par de nombreux examens médicaux pour s'assurer que tout va bien.

Mes nuits, par la peur que ce bébé naisse trop tôt, comme sa sœur. Pierre appréhende aussi, il aimerait tellement que tout se passe normalement cette fois. Les médecins appliquent le principe de précaution et m'arrêtent à cinq mois de grossesse. Me ménager, ne pas trop porter Garance, garder une alimentation équilibrée et un sommeil réparateur… Trois ans après, toujours les mêmes injonctions. Ils s'autorisent une seule variante : « Après ce qui vous est arrivé, vous êtes courageuse de remettre ça ! » Courageuse pour ne pas dire inconsciente, folle, insensée.

Comme j'envie l'insouciance des autres mamans, moi qui n'arrive pas à regarder mon ventre sans penser au pire.

Hôpital Foch

trente-quatre semaines de grossesse

Les semaines passent, la vie continue et mon bidon pointe fièrement. Ce midi, quelques amis sont à la maison pour le déjeuner. Entre le fromage et le dessert, nous refaisons le monde pendant que Garance fait comme chaque après-midi une très longue sieste. Vers 17 heures, le petit lutin se réveille. C'est une belle journée d'octobre, qui sonne comme la dernière de l'été ; nous partons, parents et enfants, jouer dans le parc municipal avant que le soleil ne se retire. Elisa, née quelques jours avant Garance, Joséphine, qui a pointé le bout de son nez à la date où Garance devait naître, et Solal, né quatre mois après elle, s'amusent comme des fous et bataillent pour monter sur le toboggan. Aucun n'a encore trois ans mais tous ont déjà un caractère bien trempé. La fraîcheur s'installe. Nous nous enlaçons affectueusement en se promettant de vite se revoir.

Dans ma culotte, du sang. Le bouchon muqueux. La passionnée de médecine reprend du service. Je me précipite à l'hôpital pendant que Pierre, très inquiet, reste donner le bain à Garance. Je ne fais pas la queue aux urgences : mon dossier est marqué d'une croix rouge et mon nom fait office de laissez-passer. Après échographie et monitoring, on me dit que tout est normal, que mon bébé va bien. Ils n'ont plus qu'à me faire un prélèvement d'urine et je pourrai rentrer. Au téléphone, Pierre, rassuré, me demande ce que je souhaite pour le dîner.

– *La poche des eaux est fissurée, il y a du liquide amniotique dans votre urine.*

Comment est-ce possible ? Pourquoi je ne me suis rendu compte de rien ? Pourquoi moi ? Hélo, est-ce que tu peux m'expliquer ce que tu as encore foutu ? Je m'engueule moi-même. L'interne est formel :

– *Le bébé n'est plus protégé. Le moindre microbe peut avoir des répercussions graves.*

Je rappelle Pierre. Sonné, il n'a pas la force de réagir. Il se perd en détails organisationnels :

– *Je n'ai personne à qui laisser Garance ce soir. Je vais trouver une solution et demain matin première heure, je suis avec toi. Reste tranquille cette nuit, promets-le-moi !*

Je somnole habillée. Cette fois encore, je n'ai rien vu venir. En fait, je devrais toujours me balader avec un petit baluchon contenant quelques affaires de rechange. Ou plus prosaïquement, je devrais arrêter de faire des enfants, mon corps n'est définitivement pas fait pour ça.

Room service pour le petit-déjeuner. Pierre joue l'hôtelier, pains au chocolat et croissants à la main. Au fil des heures, l'angoisse diminue enfin car tous les examens sont bons. Perfusée et sous surveillance, le risque d'infection est maîtrisé. Les médecins espèrent me faire tenir au moins jusqu'à vendredi ; cinq jours supplémentaires qui permettraient de passer d'une grande fragilité respiratoire à une totale autonomie.

Dans le premier cas, c'est intubation et réanimation. Déjà vécu. Dans l'autre, j'espère, retour à la maison avec mon bébé sous le bras.

Service de néonatologie

12 octobre 2014

Il est 18 heures, Pierre part retrouver Garance. Alors que je me lève pour l'embrasser, un coup violent me frappe le ventre. Puis un second, tout aussi rapproché. Mes pieds baignent dans une flaque. J'ai perdu les eaux. Quelques minutes après, Théo naît. Après une fille, c'est un petit garçon que nous accueillons. Le choix du roi, ou celui de la reine. Je ne sais plus. Mon esprit s'embrume, mes larmes jaillissent, ma tension s'effondre. Quand je reprends connaissance, un médecin se penche vers moi ; c'est celui qui avait recueilli Garance après son séjour à Chambéry.

– *Votre fils n'a pas besoin d'être intubé. Il respire tout seul comme un grand. En revanche, il va passer plusieurs semaines en néonatalité : ses fonctions digestives ne sont pas matures et il est incapable de téter. On lui a déjà posé une sonde gastrique pour l'alimenter.*

Le cauchemar recommence. Je ne vais pas pouvoir allaiter mon bébé, ni le tenir dans mes bras. Je ne vais pas pouvoir le présenter à ma famille ni à mes amis. Je ne vais pas pouvoir me réjouir. Une fois encore, la vie me punit. De quoi cette fois-ci ? Pas de doute, que Garance s'en soit sortie. Pierre m'embrasse et me montre une photo de notre petit garçon. S'il est heureux, cela se voit. S'il est contrarié, cela transparaît aussi. Pierre n'a jamais su mentir. Et étonnamment, à cet instant, il n'est pas du tout inquiet et se met en tête de me rassurer.

– *Théo pèse déjà deux kilos ! Il est tellement plus éveillé que ne l'était Garance à sa naissance ! Il est né quatre semaines plus tard qu'elle. Crois-moi, ça va aller.*

Des brancardiers m'amènent dans une chambre. De loin, je crois la reconnaître. « Je ne voulais pas changer vos habitudes », me dit presque goguenard le chef de la néonatologie en me voyant arriver. Cette chambre kangourou, c'est celle où j'ai passé deux nuits avec Garance. Une puéricultrice entre et m'explique en détail tous les soins qu'elle va prodiguer à mon petit garçon. Je l'écoute religieusement comme si c'était la première fois. Certains mots font écho à des souvenirs que j'ai, sans succès, cherchés à enfouir : perte de poids normale après la naissance, examen neurologique, gavage, sonde gastrique, immaturité digestive, lactarium…

L'infirmière me propose un peau à peau. Je suis surprise que cela aille si vite. Elle pose délicatement Théo contre moi, la sonde gastrique pend le long de sa joue. Tout s'embrouille dans mon esprit. Je ne sais plus trop si je suis avec Garance à Chambéry ou avec Théo en région parisienne. Nos respirations se répondent, nos cœurs battent d'un même tempo. Je pleure d'amour. Il se réveille en sursaut, mort de faim. La puéricultrice le repose dans sa couveuse et le nourrit grâce à une sonde gastrique.

La porte de la chambre s'ouvre. « Maman, câlin maman ! » Garance se précipite dans mes bras, comme si nous ne nous étions pas vues depuis des semaines. Pierre lui présente alors Théo, qui dort sur le ventre. Elle ne fait pas attention au scope, à la sonde gastrique et aux électrodes collées partout sur son corps. Elle fait glisser ses petites mains à l'intérieur de la couveuse et caresse le dos de son petit frère puis sourit, fière de devenir grande sœur :

– *B'jour Tho, m'appelle Garance.*

Note de l'auteure

En France, chaque année 60 000 prématurés viennent au monde, ce qui représente 8 % des naissances. 165 par jour, un toutes les huit minutes. Toute naissance qui survient avant 37 semaines d'aménorrhée ou huit mois de grossesse est considérée comme prématurée. Pour rappel, une grossesse à terme dure 41 semaines à compter de la date des dernières règles. De 24 à 28 semaines, on parle de « très grande prématurité », de 28 à 32 semaines de « grande prématurité », de 32 à 36 semaines de simple « prématurité ». L'Organisation mondiale de la santé a défini comme seuil de viabilité un âge gestationnel supérieur à 22 semaines et/ou un poids de naissance au-delà de 500 grammes. À ce stade, les organes sont entièrement formés mais manquent de maturité.

Les progrès de la médecine ont récemment permis de franchir cette barre symbolique des

500 grammes. Dernière course à la prouesse : au Japon en août 2018, des médecins de Tokyo pratiquent une césarienne d'urgence en raison d'un arrêt de croissance du fœtus. La mère en est à 24 semaines d'aménorrhée mais le bébé ne pèse que 268 grammes. Cinq mois de soins intensifs plus tard, il quitte l'hôpital en bonne santé. Malheureusement, toutes les histoires ne se terminent pas comme ce conte de fées. D'autres enfants ont moins de chance, de lourds handicaps, des séquelles à vie, ou meurent quelques jours après être nés.

Assez rare il y a vingt ans (à peine 5,9 % des naissances), la prématurité progresse à vitesse grand V (plus de 15 %). Les causes sont nombreuses[1] : procréation médicalement assistée, gémellarité, infection pendant la grossesse, rupture spontanée des membranes, mais aussi âge avancé de la mère et hypertension artérielle. Il est démontré que le surmenage et/ou les violences conjugales entraînent aussi des naissances prématurées. Parfois aussi, il n'y a pas d'explication ; c'est la faute à pas de chance, c'est un bébé trop pressé de découvrir la vie !

1 Voir https://www.inserm.fr/dossier/prematurite/

Sans ouvrir ici de grands débats, la prématurité soulève deux principales questions. Éthique, tout d'abord. Est-ce que les médecins doivent sauver des bébés de 500 grammes voire moins ou ne doivent-ils pas laisser la nature opérer sa propre sélection ? Du côté des parents, la réponse est évidente. Mais du point de vue de la société, qu'en est-il ? Autrefois, avant les incubateurs et les machines sophistiquées, les bébés étaient placés dans des boîtes à chaussures avec de la ouate à l'intérieur. Certains s'en sortaient, d'autres mouraient. Sélection naturelle, disait-on. Aujourd'hui, la médecine fait tout pour les sauver. À quel prix ?

Là est bien le deuxième sujet épineux de la prématurité. Le coût exorbitant de semaines en réanimation, avec du personnel ultraspécialisé et des machines dernier cri qui compensent lésions cérébrales, poumons immatures et appareils digestifs trop fragiles. Ce coût n'est pas pris en charge par les familles (aucune ne pourrait se le permettre) mais par la société, *via* la Sécurité sociale. Combien d'années encore notre système de santé, en déficit chronique, pourra-t-il se permettre de financer ces hospitalisations de très longue durée, sans aucune garantie de réussite à la fin ? Dans mon malheur, j'ai eu la chance que mes trois enfants, tous prématurés, naissent ici en France. Ce récit me permet de remercier les millions de Français qui, à travers leurs impôts, ont contribué à les sauver. Merci à tous du fond du cœur.

****

Chaque naissance est unique, chaque histoire aussi. Alors que je referme ce livre, je pense à vous, parents, qui êtes en ce moment au chevet de votre enfant à l'hôpital, qui rêvez de le prendre dans vos bras sans toutes ces machines qui servent de chaperon. Je sais à quel point c'est long, dur et profondément injuste de voir son petit malade, en danger et si fragile. Je sais combien la culpabilité écrase et que certains jours l'envie d'en finir devient pressante. Mais je voulais vous confier ce que mes trois enfants m'ont appris : les grandes victoires sont les plus petites. Celles qui se gagnent au jour le jour avec beaucoup d'amour et de patience. Celles qui réchauffent le cœur et sèchent les larmes. Celles auxquelles on a bien souvent tort de ne pas croire. Celles qui donnent envie de crier : « Merci la vie ! »

Remerciements

À ma maman qui m'a sauvé la vie et celle de Garance aussi.

À mon mari et nos trois enfants pleins de vie, Garance, Théophile et Apolline.

À Mounya qui m'a guidée avec bienveillance pendant toute l'écriture de ce récit et à Agathe ma bonne fée. Merci aussi au docteur Sterenn Le Brun-Hinault, Julie, Catherine, Maud, Elsa, Pénélope, Amélie, Vanessa, Chloé et l'école Les Mots pour leur relecture et leurs conseils avisés.

Aux équipes formidables de la réanimation néonatale de Chambéry et du service de néonatologie de l'hôpital Foch à Suresnes.

À tous les pédiatres et puéricultrices qui veillent chaque jour sur les nourrissons et les enfants malades.

À toutes les femmes qui donnent leur lait au lactarium, à tous les câlineurs qui dorlotent les bébés malades et à tous les bénévoles qui tricotent, avec amour, des couvertures occultantes pour couveuses et de minuscules bonnets, chaussons et moufles, encore introuvables dans le commerce.

À tous les parents d'enfants prématurés qui mobilisent tout leur amour pour donner envie à leur petit de choisir le camp de la vie.

À l'association SOS Préma qui soutient les familles qui perdent pied.

À Laurent Laffont pour sa confiance et à toute l'équipe Buchet-Chastel pour leur grande bienveillance.

À vous tous, merci.

Table

COMPOSITION ET MISE EN PAGES
NORD COMPO À VILLENEUVE-D'ASCQ

ACHEVÉ D'IMPRIMER PAR CPI
EN FÉVRIER 2022

N° d'impression : 166621
Dépôt légal : mars 2022
Imprimé en France